本书出版受浙江理工大学学术著作出版资金（2024年度，项目号24136077-Y）、

浙江省教育厅课题"人工智能技术在法院智慧化建设中的应用理论研究"（项目号24136216-F）、

浙江理工大学立德树人专项课题（项目号24136137-Y）、

浙江理工大学校内启动基金"司法改革背景下我国民事合议制度研究"（项目号23132193-Y）资助

我国司法合议
制度研究

吴宇琴◎著

ZHEJIANG UNIVERSITY PRESS
浙江大学出版社
·杭州·

图书在版编目（CIP）数据

我国司法合议制度研究 / 吴宇琴著. -- 杭州 ：浙
江大学出版社，2025. 3. -- ISBN 978-7-308-25901-9

Ⅰ. D925.04

中国国家版本馆 CIP 数据核字第 2025A0X101 号

我国司法合议制度研究

吴宇琴　著

策划编辑	吴伟伟
责任编辑	刘婧雯
责任校对	梅　雪
封面设计	雷建军
出版发行	浙江大学出版社
	（杭州市天目山路 148 号　邮政编码 310007）
	（网址：http://www.zjupress.com）
排　　版	浙江大千时代文化传媒有限公司
印　　刷	杭州钱江彩色印务有限公司
开　　本	710mm×1000mm　1/16
印　　张	10
字　　数	135 千
版 印 次	2025 年 3 月第 1 版　2025 年 3 月第 1 次印刷
书　　号	ISBN 978-7-308-25901-9
定　　价	68.00 元

版权所有　侵权必究　　印装差错　负责调换

浙江大学出版社市场运营中心联系方式：0571-88925591；http://zjdxcbs.tmall.com

前　言

作为司法制度的重要组成部分,合议制度历经时代变迁,形成一定的运行规律。以合议庭为基本审判组织的合议制度展现明显的制度优势。近年来,基于案多人少的现实困境,作为应对举措,实践部门普遍缩小了合议制度适用的范围。通过分析合议制度的运行过程会发现,现行合议制度呈现形式化、行政化、权责不统一的特点,"内外两分"的裂痕更加明显,一方面是民主价值、公正价值的丧失,另一方面是合议庭权力配置失衡导致权责不统一。"内"与"外"之间的联系性逐渐式微,在这种二分走向的情况下,最初形成的制度构想难成合力。

从组织社会学的视角思考研究,将有助于理解我国现行合议制度存在的问题。现行司法运行呈现出"审判—管理"的二元模式,且这种运作模式构成了合议制度改革的组织基础。基于合议庭成员职能分工的要求,在合议庭内部结构上,各成员承担不同的职能,笔者将其分为横向的审判职能和纵向的行政管理职能。审判长兼具审判与行政管理双层职能,而合议庭其他成员只承担审判职能。其中,审判职能主要体现在合议制度的民主性和公正性上。各个国家的合议制度有着不同的场域表现形式,西方的合议制度是一种"协商式"的合议,而我国的合议制度更倾向于"管理式"合议。两者之间的差异对比表明,我国合议制度兼具横向审判职能与纵向管理职能双重属性,其中审判职能以民主和公正为组织目标,管理职能以权威和高效为基本目标。作为法院纠纷解决的重要机构,合议庭应将资源集中于审判职能的发挥上。但就法院组织的外部环境而言,其组织管理形式无法避免地与其他行政组织产生同质化，即采用科层制的组织管理形式。然而，基于司法权的判断属性，即以民主、公正为基本要求，有别于行政机构的管理属性。由此，审判机制与管理机制，这两种组织机制构成了不同的运行逻辑，实际支配着合议制度的转型与改革。本质上，合议制度改革是一种组织结构的分化与整合，包括合议庭内部职权的"重新配置"、审判管理上的"线性分配"。矛盾的根源在于行政化管理职能与审判权独立行使之间的张力，这种张力又进一步影响合议庭功能的发挥。在合议庭的内部构造方面，承办法官地位过于突出、平等参与机制的缺失制约了民主价值的实现；在合议庭的外部构造方面，审判组织存在科层次结构、审判权行使缺乏独立性等问题，阻碍了公正价值的发挥，内外部合力导致了合议制度的运行失灵。

随着新一轮司法改革的全面启动，合议庭推行扁平化管理成为协调科层化管理与审判权独立行使之间冲突的关键。从科层制结构到扁平化管理，形成明确合理的分工协作体系。一方面，通过案件分流程序分类限缩合议制度的适用范围，优化审判资源合理配置；另一方面，健全合议庭审判权运行机制和审判责任制，明确审判责任的认定与追究。总之，围绕审判职能与管理职能，完善合议庭的内部构造，不仅需要满足外部环境变化的需求，还需要实现合议庭内部职权的合理配置，确立权责统一的审判运行机制。

目　录

绪　论

立案登记制实行以来,基层人民法院的案件数量急剧增加,而审判资源十分有限。员额制的推行,进一步加剧了案件数量过多与审判资源不足间的矛盾。民众对以司法途径解决纠纷寄予了过高的社会期许,而实际的司法运行现状与人们期待的理想状况反差强烈。经过多年普法,公民的维权意识、法律意识高涨,面对公民日益高涨的诉讼意识和热情,司法并没有完全满足群众的新要求、新期待。[①] 为了勉强维持高负荷的程序运作,法院被迫在司法审判中降低职业化水平[②],变相将合议制度变为独任审理以提升司法效率。作为实际操作方面的程序制度,合议庭审判权运作模式是否科学、合理、有效,直接关系到司法民主价值与公正价值能否实现,关系到当事人实体方面的利益能否获得切实保障。在我国,合议制度是人民法院代表国家行使审判权的审判制度,在庭审过程中具有非常重要的功效。一方面,能够集思广益,避免法官独断,克服法官个体认知能力的局限,将可能发生的差错尽量减少到最低;另一方面,在我国,合议制度以民主集中制为准则,实行少数服从多数的原则,在审理疑难复杂案件方面也起着至关重要的作用。

法院在政治权力结构中的边缘化以及法院内部司法资源配置的不均衡,共同导致了司法供给能力不足。[③] 这种审判资源配置上的不

---

① 田成有. 法官的改革[M]. 北京:中国法制出版社,2014:113-116.
② 蔡彦敏. 断裂与修正:我国民事审判组织之嬗变[J]. 政法论坛,2014(2):38-49.
③ 方乐. 司法供给侧改革与需求侧管理——从司法的供需结构切入[J]. 法制与社会发展,2017(5):40-52.

均衡不仅体现在纵向的上下层级之间,还体现在横向的合议庭各成员之间。前者是一种资源与利益分配的科层化,后者则表现为合议庭成员间权责失衡的局面。因此,如何化解日益尖锐的司法供需矛盾,成为全面深化司法改革的关键环节。司法实践中,随着诉讼数量的爆炸式增长,改革围绕着效率的价值目标,在合议庭内部形成一个新的层级化管理结构,以便提高合议庭的审判效率,维护司法权威。同时,通过明确合议庭成员之间的职能分工以及院庭长等各主体的审判职责,放权于合议庭,补充完善审判权运行机制。[①] 于是,如何进一步厘清审判职能与管理职能之间的关系,在不影响民主和公正的前提下,提高审判效率,缓解案多人少的压力,成为当下法院内设机构改革的关键。

从组织社会学的视角来解释法院内部呈现出何种权力格局和运作形态,各个机构之间如何分工协作,以及这种组织架构对审判权的运行将产生什么样的影响,不仅包括协调法院内部各主体之间的紧张冲突,还需要进一步讨论在权责分配上的影响。以合议庭审判为例,这种运行模式将法官作为组织机构的核心,不仅应淡化科层化的行政色彩,还应通过扁平化的审判管理模式,合理配置司法职权,从而保障审判权的正常运行,实现公正与民主的价值目标。[②]

一、背景与意义

(一) 背景

合议制度是法院审判案件的基本制度,合议庭是根据合议制度,

---

① 刘忠.论中国法院的分庭管理制度[J].法制与社会发展,2009(5):124-135.
② 顾培东.法官个体本位抑或法院整体本位——我国法院建构与运行的基本模式选择[J].法学研究,2019(1):3-22.

由三名或者三名以上的审判人员组成的审判组织。合议制度是审判制度的核心制度之一,法院审理大部分案件都采用合议制度,其运行效果直接体现了我国现有的司法状况。我国合议制度是实现民主价值、维系公正价值的重要制度保障。合议制度改革作为司法体制改革的一项重要内容,迫切需要理论界在其深入研究的基础理论之上提出切实可行的制度建议。与此同时,随着合议制度的发展演进,如何落实权责统一的原则至关重要。现代民主法治国家,公权力的实施必须遵守权力法定、权责统一的原则。在司法审判过程中,审判人员的权责是否依法履行,审判程序是否合法,判决结果是否合理,这些都离不开案件审判责任制度的科学构建。审判人员的个人素养、审判责任的承担,对于司法公正的维系也起到了重要的保障作用。只有明确司法审判责任,以制度建设的形式规范审判过程中的法律行为,以完善制度的形式明确合议庭的审判权责,才能确保案件实现实体正义和程序正义,落实合议制度中的民主价值和公正价值,保障权责统一。因此,在合议制度中构建科学的审判责任制,有利于让每个参与者在诉讼活动中都有机会被平等对待,让每一次审理都能获得公平公正的结果。

对于以往合议制度的实际运行状况,现有研究多以西方现代合议制度的理念为参照标准,总体上趋向于对我国合议制度的运行现状泛泛而谈。研究主要集中在合议庭内部的群体决策以及民主评议方面,针对审委会、院庭长与合议庭的关系,也积累了一定的研究成果。然而,这些研究缺乏对制度运行机理的考察,因而难以解释合议制度在司法实践中不断嬗变异化的原因。在司法改革的脉络中厘清这些复杂的制度变异以及这些变异背后的底层逻辑,既有助于深刻理解我国合议制度的由来,也有助于多面向地探讨我国合议制度在新时代的发展与调适。本书从合议制度的基本理论与实践样态,详细地考察了合议制度的变异表现及其原因,将其嵌入司法民主、司法公正、权责统一三者之间进行理解。本书的论证主要从社会组织学的视角出发,围绕合议庭的基础理论和组织架构展开,探讨衡量一个审判形式是否妥当的标准是什么,是否包含了公正审判、审判效率、权力制约等价值要素,以及这些价值要素之间存在何种张力。只有这样构建起来的理论分析框架,才能更好地诠释合议制度的价值,为展望司法改革未来的发展方向提供一种理论视角。① 在司法民主与独立行使审判权的关系上,通过对合议制度的运行过程与结果的实证研究,本书发现其中存在诸多问题,这些问题使合议制度的价值和功能无法得到充分体现。合议制度在实践层面上已经出现与当初的制度设计理念相背离的现象。其中,立法中合议制度的科学理念和原则在制度运行过程中并没有得到充分体现,现行合议制度与设计初衷出现了不同程度的异化。究竟是合议制度本身,还是配套措施或是司法实务中的哪一部分出了问题?如何破解困局并找出解决方案?弄清两者之间出现差别的根由,让合议制度的组织价值与组织目标达成一致,是本书的主要目的。

在以往合议制度的改革过程中,有学者提出了改革合议庭评议规则,针对合议庭、院庭长、审判委员会(简称审委会)的权责边界,提出了改革院庭长审批案件制度和改革审委会制度等系列制度措施,但对改革的法理价值研究并不充分。为什么要回归公正价值和民主价值,实现权责统一?探究这些技术层面相关改革背后的法理价值才是本书研究的重点。因此,对合议制度核心价值的研究,首先需要从规范层面梳理合议制度目前存在的基础性问题。例如,合议庭相对固定的人员构成,是否真的有利于民主价值实现?审委会制度对于合议庭权责统一的实现有没有阻碍?审判长制度对合议庭的责任分担有没有影响?从合议制度改革的逻辑出发,合议制度内部改革的焦点在于如何分配合议庭成员的审判责任。合议庭成员的审判责任,即让合议庭成员负责案件的审判工作,并对其裁判结果负责,是法院系统内部为约束法官的审判行为而设立的责任制度。审判责任是合议制度中一

---

① 顾培东.法官个体本位抑或法院整体本位——我国法院建构与运行的基本模式选择[J].法学研究,2019(1):3-22.

个非常重要的内容,与合议庭成员行使审判权紧密相关。从改革的意图来看,设置审判责任的目的在于尽可能减少审与判分离的情形,在一定程度上防止审判权的不合理使用,促进审判资源合理配置。

作为司法权的基本载体,合议庭的组织构造体现了审判权的运行特点。本书主要分为两条线展开,一方面,围绕权责分离的现象,探讨如何恰当权衡横向的审判职能与纵向的管理职能两者之间的关系。对此,本书将关注点集中在合议制度审判权运行的内在逻辑与审判管理的方式上,从组织架构的视角认识合议庭内部的机构设置和职能分工,遵循权责统一的同时,为合议制度审判责任改革提供有效对策。另一方面,针对当前司法诉讼为缓解案多人少的压力,以追求权威和高效为主要目的,导致的合议制度"形合实独"的运行现状提出如何回归民主价值和公正价值,实现合议制度的设计初衷,发挥合议制度的价值优势,促进审判的公平公正,推动我国司法文明建设。

(二)研究意义

第一,有利于丰富合议制度的理论体系。在构建我国合议制度话语体系的进程中,不仅要避免被西方的法治话语体系所支配,还要立足于我国的本土化改革实践,本着循序渐进的原则,采取多元化综合战略,稳步向前推进,丰富合议制度理论体系。在合议制度改革的探索道路上,尝试挖掘合议制度本身的基础理论价值,如民主价值和公正价值等,使之为我国的合议制度改革提供理论方向指导。法院由于案件数量过多,过于追求效率价值,因此在合议庭审判权的运行上,承办法官、审判长与其他成员平等协商、民主决策实际并没有得到落实,这就更需要挖掘并丰富合议制度的民主、公正等基本价值功效。

第二,有利于审判组织制度的完善。现有立法对于审委会的职责边界、审委会与合议庭的关系等模糊不清。在理论层面,院庭长在审判组织中的地位并不清晰,导致院庭长审判监督管理权与审判权的混淆。理论上,审委会并不属于审判组织,但其在司法实践中已经上升到最高审判组织的地位,并且经过审委会讨论的案件最后署名为合议庭,这直接导致"诉审分离"的局面。因此,在探讨合议制度改革的问题上,如何明确审委会的职能边界,理顺合议庭与审委会之间的关系也是急需解决的问题。在制度设计上,如何限定审委会的职权范围,如何明确院庭长的审判管理权与监督权,如何避免出现制度脱节,都需要理顺院庭长、审委会与合议庭的关系,以及三者之间的权力边界,确保管理监督权于法有据。

第三,有利于完善合议制度的审判权责配置。在案件审理过程中,法官虽然拥有丰富的专业知识和技能,并且经过严格选拔,但不可避免地具有主观性,在结合自身知识和经验对案件解读判断的过程中,存在一定的自由裁量权。通过制度化规范合理分配合议庭审判权责,能够有效避免审判活动中的主观偏见,防止权力的滥用。合议制度和审判责任制度虽然都是现存的制度,但是目前对于两者的结合研究较少,而我国合议制度在案件审判责任制度改革中也出现了许多问题,有必要以审判责任制度的理论基础为出发点,促进我国合议庭审判责任制改革的进一步深入研究。在合议庭审判责任追究的基础之上建立科学的权力体系,对于审判权的独立运行具有非常重要的理论价值和现实意义。如何保障审判权的独立公正行使,还有待于通过合议庭内部职权的划分及与外部院庭长、审委会关系的划分,改变审判分离的现状。

二、文献述评

民事合议制度作为我国司法制度的重要组成部分,它的完善与否关系到整个社会的法治成效,标志着一个国家的司法文明发展水平。随着基层人民法院的"人案矛盾"的日益加剧,民事诉讼法庭审理中采用独任制度的比例也逐渐提高,合议制度陷入了"形合实独"的虚置困境。2002 年 8 月施行的《最高人民法院关于人民法院合议庭工作的若干规定》和 2010 年 2 月施行的《最高人民法院关于进一步加强合议庭职责的若干规定》,对合议庭运行和基本职责等问题作出规定,此外还有系列规范性文件对合议庭运行相关问题提出要求。2022 年 11 月施行的《最高人民法院关于规范合议庭运行机制的意见》对保障合议庭功能的发挥也起到了积极的作用。但在司法实践中,合议庭仍然处于失衡的状态。整体来看,现有研究从不同的角度对当前民事合议庭中的"形合实独"、审判分离问题进行了较为深入的探讨,但大部分学者都是围绕某个具体问题来展开研究,缺乏对合议制度系统性、整体性的阐述,也缺乏充分的法理分析支撑。目前,我国司法体制改革主要关注的是合议制度、评议机制等方面,对于合议庭组织构造、权责配置等问题关注较少。本书将司法实践中合议制度的"形合实独"、审判分离问题主要归纳为形式化、行政化问题,并通过进一步研究分析发现,这些问题主要是由合议庭权责配置不均导致的,归根结底,在于合议庭组织构造层面没有处理好科层化管理与审判权的独立行使之间的关系。本书从合议庭运行机制、权责配置、组织结构三个方面,分别总结归纳当前文献在不同研究视角下对合议制度的挖掘,并在此基础上展开分析论证。

(一)运行机制方面

按照司法审判的规律,审判权的运行还是要落实到具体承办案件的法官身上。作为一种抽象的权力,审判权需要借助具体的载体才能得以发挥。众所周知,法官基于自身的专业技能具有行使审判权的正当性、合理性。值得注意的是,法官行使审判权的方式容易受到法院体制的影响。合议庭作为代表法院行使审判权的重要审判组织,已经成为各种矛盾的焦点。案件要通过合议庭的活动才能获得公平裁判,所以诉讼制度、组织制度、管理制度存在的各种问题，都会集中反映到合议庭身上。

对于依法独立行使审判权的理解，即是否法院审判独立等同于合议庭审判独立、法官审判独立，吴如巧等认为，司法行政化的根本原因在于我国仅承认法院整体上的独立审判，并不认可法官个体的审判独立。[①] 这种司法独立运行模式倾向于强调法院整体的作用，对法官个体进行严密的控制。也有学者认为，这里的"审理"应该作扩大解释，"审理"中的"审"并不只是代表"庭审"，"审"的方式也可以理解为听取承办法官汇报、翻阅案卷材料、对案件进行讨论等具体参与审判活动。[②] 按照这个逻辑，审委会、院庭长虽然没有参加庭审，但只要通过听取承办法官汇报案情、查阅案卷材料等方式了解案件事实的，也属于案件的"审理者"，就有权影响案件的裁判结果。蒋惠岭在《论审判组织制度改革的理论出路》中从立法组织和行政组织角度观察审判组织理论体系。他认为立法组织代表的是立法机关的整体意志，行政组织代表的是行政机关的科层权威。对审判组织而言，以服从命令为特点的行政化与行使审判权的独立性之间存在天然冲突。在审判组织与审判机关、审判机构的区别上，蒋惠岭提出审判机关更突显法院的行政性，审判机构更突显在专业领域中的平台性。"审判组织作为审判权的行使主体"强调审判组织代表法院行使审判职责的行为。[③] 顾培东认为关于法院独立审判还是法官独立审判甚至是审判组织独立审判的争论，各学者的核心观点并没有本质区别，只是背景不同、标准不一、强调各异。[④] 宫澎指出我国法学理论大部分传统观点都坚持，只有人民法院才拥有审判案件的独立的审判权，不是由法官独立行使审

① 吴如巧，宋东，向治冰．从"法官会议制度"看我国法院"去行政化"的困境与破解[J]．探求，2015(6)：64-71.
② 陈卫东．司法责任制改革研究[J]．法学杂志，2017(8)：31-41.
③ 蒋惠岭．论审判组织制度改革的理论出路[J]．政法论坛，2022(5)：53-65.
④ 顾培东．法官个体本位抑或法院整体本位——我国法院建构与运行的基本模式选择[J]．法学研究，2019(1)：3-22.

判权,更不是由合议庭独立行使审判权。① 这种理论模式造成了我国法院合议庭作为审判组织的扁平化运行规则与行政化科层制模式之间的矛盾。与国家行政机关一样,法院实行的也是科层化管理体制。这种管理体制主要强调等级秩序与服从。在这样的层级划分下,权力大小决定着权威的高低。就我国当前的法院系统而言,法院内的级别序列和职务序列都带有明显的科层化特征。下级法院要服从上级法院,普通法官要服从院庭长等有行政级别的法官。西方国家的法治经验表明,只有法律保障法官审判权的独立行使,才能确保司法公正,推动审判权的良性运行。法院是一个特殊的审判机构,科层化结构的组织形式终究会影响到审判权的独立运行。对于院庭长案件审批制度,有学者提出,院庭长审批案件的做法导致合议庭裁决需经行政报批后才能作出,在一定程度上加剧了审理权与裁判权的分离,违反了司法审判的规律。② 江必新提出要理顺合议庭同院庭长之间的关系,院庭长的组织管理权应建立在合议庭独立行使审判权的基础之上,并为其提供支持和帮助。他强调,司法实践中,院庭长审批案件的做法极易造成审判职责划分不清,这是司法腐败的源头。③

关于合议庭"合而不议""形合实独""陪而不审"的问题。合议庭是我国法院的基本审判机构,合议制度是体现司法民主,反映集体审判的审判制度。一直以来,合议制度在司法实践中存在"形合实独""合而不议"的问题。合议庭为承办法官所替代,产生了司法资源的浪费。员额制实行以后,入额法官人数明显减少,只能将大部分案件交给合议庭审判。随着司法责任制的实行,院庭长审核案件和签署法院裁判文书的现象已经明显减少,合议庭独立行使审判权得到充分的保

---

① 宫澎.从现行审判运行机制存在的缺陷谈对完善合议制度的认识[J].河北法学,2002(3):64-67.

② 陈瑞华.司法裁判的行政决策模式——对中国法院"司法行政化"现象的重新考察[J].吉林大学社会科学学报,2008(4):134-143,160.

③ 江必新.论合议庭职能的强化[J].法律适用,2000(1):12-14.

障。员额制的推行,为限缩合议制度的适用范围提供了可行性,而司法责任制的实行,为扩大独任制度的适用范围创造了条件。合议制度适用范围的限缩有利于确保合议制度"走向实质化",促使合议庭成员共同审理和裁判,对案件实现真正意义上的集体负责,从而激活合议庭的机能,防止合议制度流于形式。林劲松认为合议制度中的民主评议机制是民主价值的核心,只是因为缺少贯彻民主原则的有效程序而造成其功能没有得到充分发挥。[①] 陈瑞华指出,我国司法审判中的行政化审批机制,是合议制度难以贯彻落实的重要原因。合议制度在西方国家的横向运行,不意味着在我国同样能发挥出应有的作用。在我国,合议制度形成了纵向合议的行政签批制度。在合议制度改革过程中,只有将纵向合议机制放在规范法治的制度层面加以限制,才能更好地发挥其作用。[②]

关于合议庭与审委会均行使完全裁判权的层级关系。陈瑞华认为,只要审委会这一机构的组成方式不变,院庭长等行政级别仍然存在,审委会就会继续保持法院内部"行政会议"的属性特征,难以变成与合议庭类似属性的裁判机构。对于哪些案件"应当"还是"可以"由审判委员会讨论,并没有明确的规定。庭审的实质化过程既非核心也非实质,损害了法官独立审判案件和当事人获得公开审判的权利。[③] 关于审委会制度改革,审委会作为"司法行政化"的一个典型,导致的直接后果就是裁判方式的异化。例如,现行审委会制度中的案件讨论制度,就可能造成"判而不审"的情形,很明显违反了司法规律和程序公正的原则。依据现行法律,审判委员会讨论决定的案件实际上由合议庭和审委会共同审理完成。合议庭对审理案件事实部分负责,审委

---

① 林劲松.我国合议庭评议制度反思[J].法学,2005(10):14-21.

② 陈瑞华.司法裁判的行政决策模式——对中国法院"司法行政化"现象的重新考察[J].吉林大学社会科学学报,2008(4):134-143,160.

③ 陈瑞华.司法裁判的行政决策模式——对中国法院"司法行政化"现象的重新考察[J].吉林大学社会科学学报,2008(4):134-143,160.

会对法律适用部分负责。关于审委会的职权和职责问题,目前主要有以下几种主张:一是主张废除审委会。理由是目前的审委会制度具有暗箱操作、议事不规范、破坏回避制度、无法追究错案责任等问题,同时审委会的组成人员具有非专业性、审判方式间接性、讨论行为秘密性等缺陷。二是认为审委会应当保留,但应对审委会讨论决定案件的职权加以限制。三是主张改革审判委员会。将审委会改造成类似合议庭的会议,审委会委员由审判经验丰富的法官组成,院庭长按专长和分工参加。笔者认为,尽管目前审委会讨论决定案件存在一定的弊端,但总体来说利大于弊,审委会有其存在的价值。

关于合议制度与独任制度适用范围的配置。为了缓解"案多人少"的压力,优化审判资源合理配置,对案件"繁简分流"是最为有效的措施,也成为目前法院司法改革的主要方向。为了提高审判效率,发挥"繁简分流"的作用,根据案件具体的难易情况分别适用独任制度和合议制度是非常必要的,但现行《民事诉讼法》明显缺乏"繁简分流"的对应性制度考量。《最高人民法院关于全面深化人民法院改革的意见——人民法院第四个五年改革纲要(2014—2018)》强调"强化合议庭职责,充分发挥审判长在庭审中的指引、协调作用,实现审理与判决的有机结合"。目前为止,我国法院内部仍然存在着院庭长、审判长的行政审批结构,带有行政色彩的审委会制度也继续发挥着作用,司法裁判上没有彻底改变行政审批占主导的现象,审理权和裁判权分离的情况依然存在。而对于那些经合议庭开庭审理后提出裁判意见的案件而言,行政审批决策的方式甚至可以直接否定合议庭的裁判意见,将司法行政管理权强加到司法裁判领域。

(二) 权责配置方面

任何司法改革都涉及审判资源、权责的重新调整与再分配,任何司法体制机制的变化也都会涉及审判资源、权力与责任的重新配置。

从案多人少的矛盾角度看,方乐揭示出审判权责不合理配置是导致人案矛盾日益严重的重要原因。① 同样,范愉也强调为更好地解决纠纷,要优化审判资源配置,平衡权力与责任的关系。② 在总体上,以司法责任制改革为核心,新一轮司法改革意味着权力、资源和责任的重新分配,而法院内部的科层制管理,审委会、院庭长的干预与合议庭内部平等协商、集体决策机制之间相互博弈,共同构成了改革的主要动力。③

合议庭内部配置的问题。④ 丁朋超对审判长责任制、案件承办制和主审法官负责制进行了相关比较研究。丁朋超在《我国民事合议制度内部关系的再改革》一文中提出,我国合议制度改革未能彻底的原因,除了没有厘清合议庭的审判权与院庭长、审委会的管理权之间的关系,还包括合议庭成员间缺乏合理定位、合议庭内部审判责任制设置不合理等。⑤ 合议庭职能的弱化、其他主体对合议庭审判权的侵占,造成审判分离的现象,已经严重制约公正司法。江必新认为,审理权与判决权具有内在统一性,强化合议庭职能是"审"与"判"的本质相关性决定的。只审不判或者只判不审都不符合审判规律。实现审理权与裁判权的有机结合,必须加强合议庭的职能。⑥ 徐胜萍、张雪花探讨了组织系统权变理论对合议庭改造的借鉴作用,群体决策理论下合议制度规范建构,"罗伯特议事规则"的借鉴价值以及司法职业伦理指导下对合议庭审判责任的重塑。文章从组织社会学的视角,以诉讼原理、组织系统权变理论、司法职业伦理等基础理论为分析工具,对合议

---

① 方乐.司法供给侧改革与需求侧管理——从司法的供需结构切入[J].法制与社会发展,2017(5):40-52.

② 范愉.司法资源供求失衡的悖论与对策——以小额诉讼为切入点[J].法律适用,2011(3):14-19.

③ 王亚新,李谦.解读司法改革——走向权能、资源与责任之新的均衡[J].清华法学,2014(5):103-113.

④ 一般认为,合议制度外部关系包括:审判管理权与审判权的关系、院长和庭长的审判管理角色关系、审委会的"裁判"职权边界以及案件"请示"。合议制度内部关系包括:合议庭成员之间的定位关系、审判长与承办法官间的关系、审判责任、合议庭的评议以及合议庭成员履职考核。

⑤ 丁朋超.我国民事合议制度内部关系的再改革[J].时代法学,2016(6):82-93.

⑥ 江必新.论合议庭职能的强化[J].法律适用,2000(1):12-14.

制度的理论体系进行了深入反思与重构。①

　　关于改革完善审判责任制。审判责任是指审判者在履行审判职责的过程中，违反法律规定或者造成错误裁判的实际行为所应承担的责任。过度严苛的审判责任会损害法官依法独立行使审判权。陈卫东提出，司法责任制的核心理念在于保证审判权的独立行使。因此，只有责任主体具有较强的独立性，才能确保法官在独立行使审判权时不被政治因素所干扰。② 顾培东认为开庭审理确实是"审"的重要方式，而听取承办法官汇报、查阅案卷材料、对案件进行讨论等系列行为，也可以理解为"审"的一种方式。③ 2018 年修订的《人民法院组织法》增加了一些含有"负责"两字的相关条款。"负责"可以有双重含义：一是行为人对违法行为承担后果；二是确定行为人的职责分工。在司法责任制改革背景下，可以看出，该规定强调的是司法责任中的"行为归责"而不是"结果归责"，这一点与学界主流观点相符，也符合审判组织理论。顾培东提出，为了增加评判的客观性，可以引入第三方评估机制，吸收专家和各方代表加入错案责任评判，同时，建立各主体审判绩效档案，突显责任追责制度的价值，对明显的错案追究相关人员的责任，让各主体感受责任制度的约束。④

　　关于权责统一的问题。尽管我国对合议制度开展了一系列改革，但形式化、行政化、权责不统一的问题并没有得到根本解决。由于我国近代以来的司法制度是直接从西方移植过来的，移植以后司法制度并没有结合我国国情形成自身的审判体系。目前在法学学者的系统

---

　　① 徐胜萍,张雪花.司法改革语境下合议制度理论的借鉴与重构[J].法学杂志,2017(12):98-106.

　　② 陈卫东.司法机关依法独立行使职权研究[J].中国检察官,2014(19):78.

　　③ 顾培东.法官个体本位抑或法院整体本位———我国法院建构与运行的基本模式选择[J].法学研究,2019(1):3-22.

　　④ 顾培东.法官个体本位抑或法院整体本位———我国法院建构与运行的基本模式选择[J].法学研究,2019(1):3-22.

论述中,陈瑞华系统性地批判了我国法院行政管理体制的问题。① 与此同时,苏力指出我国法院系统存在严重的行政官僚主义,如法院法官的等级划分,具体表现为院庭长、审委会制度以及上下级法院间的关系等,并指出这种行政官僚体系严重影响了法院审判职能的独立行使。② 但是如果过分注重对制度本身的考察,研究分析时将审判制度同行政管理混同,很容易将一些本可能是法院内部行政管理或外部环境而引发的问题最后归咎于法院自身的审判制度,可能导致改革方向上的偏差。因此,本书试图从合议制度在基层人民法院的实际运作情况来进一步探讨行政管理是如何影响合议制度公正价值实现的,主要对法院系统内部的制度机制进行考察。笔者认为,审判组织审判权责的明确划分对司法改革非常重要。如果认为审判权由法院行使,法官仅仅是名义上审理权力的行使者,院庭长及审委会在不同程度上分享审判权,成为实际上的裁判者,这可能导致裁判主体的错乱,案件究竟是由合议庭还是由院庭长、审委会所决定并不明确。实践中,审委会主要通过对提交案件展开讨论的方式决定案件的处理结果,院庭长通过案件审批的方式干预案件的裁判结果,在这种裁判运行模式中,案件事实上的裁判者是十分混乱的,可能是合议庭,可能是院庭长,也可能是审委会。一旦案件出现错误,难以明确案件的责任人,就会出现无人担责、责任不一致等问题。而且人民法院内部各主体都干预合议庭审理,不但可能造成外在因素对案件裁判的不当影响,也可能导致当事人降低对司法的认可度、对裁判的接受度等。合议庭审判责任制度改革的初衷是通过责任追究机制确保案件权责统一,倒逼审判主体明确化,为审判权的独立行使提供必要的前提条件,这是具有合理性的。我们知道,民事合议制度主要坚持两个价值,即公正价值与民主价值。主要涉及两个问题:一是"由审理者裁判,让裁判者负责"。以

---

① 陈瑞华.司法裁判的行政决策模式——对中国法院"司法行政化"现象的重新考察[J]. 吉林大学社会科学学报,2008(4):134-143,160.

② 苏力.论法院的审判职能与行政管理[J]. 中外法学,1999(5):36-46.

审判责任倒逼审判权的行使主体——让审判主体明晰化,从而进行审判问责。二是"把价值与审判权责有机结合"。合议制度改革的方向是赋予合议庭独立行使审判权。为了防止裁量权的滥用,必须明确审判主体,完善责任制度。为了避免出现权责不统一的现象,审判责任制改革应该坚持民主价值和公正价值的引领。价值如何引领审判权责?司法实践中,在权威与高效价值的引领下,对外,合议庭的审判权被纵向分享给院庭长;对内,承办法官占主导地位,其他合议庭成员尤其是人民陪审员难以发挥实质作用,由此导致了"形合实独、审判分离"的现象。合议制度相较于独任制度的优势就在于其民主价值和公正价值,对外,加强合议庭的审判职权,厘清其与院庭长、审委会之间的关系,究竟是审判权、监督权还是管理权,严格区分行政管理权与审判管理权,确保合议庭独立行使审判权,依法保障程序公正。对内,合议庭成员之间应平等协商,共同参与,充分发挥民主价值。明确审判长、承办法官的指导性工作不同于大包大揽,尊重合议庭成员在审判工作中的地位和作用。因此,改革合议庭审判责任制必须以民主价值和公正价值为指引。在这个意义上,合议庭责任制改革与合议制度的价值是密切相连的。改革当中的许多问题,还有一些是先前的学者所关注的,如"形式化""行政化""权责不统一"。笔者认为,应该先梳理"合议制度的价值"与"审判权责配置"之间的关系,厘清合议制度改革的底层逻辑,才能真正发挥合议制度的内生性功能,防止其进一步异化。

(三) 组织结构方面

组织的结构与组织的功能是密切相关的。组织结构需要通过功能的形式发挥作用;而功能的价值需要依赖一定的组织结构才能产生。[①] 梁三利指出,审判职能与行政职能的二元模式造成结构上的异

---

① 刘祖云.组织社会学[M].北京:中国审计出版社、中国社会出版社,2002:251.

化。① 以等级结构为主的模式向扁平化结构转型,是我国合议制度改革的主要方向与路径。② 合议庭审判分离的背后,是权责分配不均,从根本上探究,这是源于科层化管理与审判独立之间的张力。

关于审判权运行机制如何构建的问题。方乐认识到审判权运行机制本身的复杂性,主张优化职权配置,明确审判主体的权责分配,健全审判权运行机制。③ 顾培东主张改变以往的行政化管理方式,并对院庭长参与审判活动的条件加以限定。④ 他认为我国法院改革的方向是从院庭长主导下的法院整体本位转向法官主导下的法院整体本位。⑤ 合议制度改革主要分为两种不同的研究范式:一种是以合议庭为核心内容或依据,突出合议庭独立行使审判权对实现民主公正的价值与作用;另一种是将合议庭置于审判组织的整体形态之中,强调合议庭审判权的运行与整个审判组织架构保持一致。但是,两种范式之间实际上并无优劣之分。

关于制度与组织权力之间的关系。一方面,制度受到权力结构的某种特性的影响;另一方面,只有某些特定的形式才适合于某种特定的目的。⑥ 长期以来,法院内部的科层体制和行政管理模式给审判造成了很大的困扰。⑦ 究其原因,在贺卫方看来,这种行政化、官僚化的法院管理制度,实际上是以行政的逻辑代替了司法的逻辑,严重影响到审判权的独立行使。⑧ 苏力认为法院的审判职能与行政管理职能在

---

① 梁三利.论法院的组织结构——兼论中国法院的解构与重构[J].法学杂志,2007(6):99-101.
② 张洪涛.司法之所以为司法的组织结构依据——论中国法院改革的核心问题之所在[J].现代法学,2010(1):32-42.
③ 方乐.审判权内部运行机制改革的制度资源与模式选择[J].法学,2015(3):26-40.
④ 顾培东.人民法院内部审判运行机制的构建[J].法学研究,2011(4):3-20.
⑤ 顾培东.法官个体本位抑或法院整体本位——我国法院建构与运行的基本模式选择[J].法学研究,2019(1):3-22.
⑥ 达玛什卡.司法和国家权力的多种面孔:比较视野中的法律程序[M].郑戈,译.北京:中国政法大学出版社,2015:10-20.
⑦ 刘练军.法院科层化的多米诺效应[J].法律科学,2015(3):20-34.
⑧ 贺卫方.中国司法管理制度的两个问题[J].中国社会科学,1997(6):117-130.

司法运行中交错混合,使得审判活动具有强烈的行政化色彩。^① 王申主张从科层行政官僚体制及审判权的运作机制入手,克服我国司法行政化之弊端。^② 龙宗智、袁坚认为,"遏制司法行政化需在司法行政管理、法院审判管理上'去行政化',需阻隔行政性要素介入审判,保障审判权的独立行使"^③。审判管理改革需要从组织结构上实现"去行政化"的目标。这对于强化审判功能、确保审判权的独立运行、解决审判职能与管理职能的交叉冲突有着十分重要的意义。^④ 组织构造的行政化影响了审判权独立运行的方式。在审判职能与管理职能的交叉重叠之下,审判权与行政管理权构成了职权配置的关键。一方面,审判权与行政管理权混同,审判权受制于行政管理权,造成司法行政化日益严重。另一方面,如何划定审判权与审判管理权之间的界限,协调各种权力之间的关系也是改革亟须处理的重要问题。

在法院内部,存在一种与法官的权力、职权相关的深层结构。^⑤ 这种深层结构支配着内部治理与变革的方向。季嘉认为审判权配置中的分权与集权、法官的权责分配、民主公正与效率之间的平衡,构成了法院组织结构调整的内在逻辑。^⑥ 王利明、姚辉主张从机构设置上进一步规范院庭长在审判工作中的作用和角色。^⑦ 杨雄指出法院内部组织设置应当遵循审判与管理分离、以审判活动为中心、以法官为中心的三原则。^⑧ 章武生、吴泽勇分析了审判权独立行使与法院机构设置之间的关系,主张对法院内部关系加以调整,包括取消法院内部行政级别、调整院长职权等,以解决法院内部严重的官僚化问题。^⑨ 张卫平

---

① 苏力.论法院的审判职能与行政管理[J].中外法学,1999(5):36-46.
② 王申.司法行政化管理与法官独立审判[J].法学,2010(6):33-39.
③ 龙宗智,袁坚.深化改革背景下对司法行政化的遏制[J].法学研究,2014(1):132-149.
④ 陈杭平.论中国法院的"合一制"——历史、实践和理论[J].法制与社会发展,2011(6):57-68.
⑤ 刘忠.格、职、级与竞争上岗——法院内部秩序的深层结构[J].清华法学,2014(2):146-163.
⑥ 季嘉.自反与变革:我国地方法院组织结构变迁分析[J].贵州社会科学,2015(12):97-101.
⑦ 王利明,姚辉.人民法院机构设置及审判方式改革问题研究(上)[J].中国法学,1998(2):3-13.
⑧ 杨雄.法院内部组织制度改革研究[J].社会科学家,2007(2):94-97.
⑨ 章武生,吴泽勇.司法独立与法院组织机构的调整(上)[J].中国法学,2000(2):55-70.

认为"去行政化"是今后司法改革的基本思路,建议考虑取消审判庭的设置,不再设庭长、副庭长等行政官员,只设置刑事、民事行政部。[①]叶爱英、张奇提出突出法官的主体地位,采用"中心模式"的内设机构设置模式。[②] 赵文艳、齐姗姗主要从内设机构的管理幅度切入,主张法院内设机构改革在精简机构之外,应当合理确定各个机构的管理幅度。[③]

长期以来,学界都较为关注法律条文的研究,不太重视外部制度以及社会环境因素带来的影响。当前,我国的合议制度研究也局限于制度运行过程中的法条对比分析,缺乏相应的理论基础。本书从组织社会学的视角切入,采用理论指导实践的研究方法,分析合议制度内部的制度逻辑,指出内外部环境对合议制度产生的影响和实际作用。研究主要展现了附着于审判组织的合议制度如何回归民主价值和公正价值的路径探索。本书在合议制度的价值基础之上,从整体上阐述了合议庭在审判组织中的地位,分析合议制度在中国司法实践中的异化原因,结合目前制度的现状和困境,对民主化改革、去行政化改革以及实现合议庭权责统一等三个方面提出完善规范建议。科学配置审判资源,对合议庭的组成人员进行科学分配,确保合议制度民主价值得以彰显;完善合议庭责任制度,加强审判责任制基本理论研究,探究合议庭整体责任与其成员个人责任的合理配置,合议庭审判权与院庭长监督管理权之间的关系,明确各类责任的承担方式和具体实现路径,推动改革措施不断向精细化、具体化方向延伸。改革的目的在于充分发挥合议制度的内生性,回归制度设计的初衷。

---

① 张卫平.论我国法院体制的非行政化——法院体制改革的一种基本思路[J].法商研究,2000(3):3-11.

② 叶爱英,张奇.偏离与回归:审判中心视角下法院内设机构改革路径研究——以诉讼时间轴与内部权力的四元划分为基础[J].中国应用法学,2017(6):33-47.

③ 赵文艳,齐姗姗.精简之外:人民法院内设机构效能优化之路——从内设机构合理的管理幅度切入[J].山东法官培训学院学报,2018(6):114-125.

三、研究方法与研究思路

（一）研究方法

面对日益尖锐的人案矛盾，司法实践越来越强调审判的权威与高效。在这一背景下，本书从合议制度的民主价值和公正价值出发构建衡量一个审判形式的基本标准，通过理论分析与实践考察，围绕合议庭审判权运行的"形合实独"问题、审判管理的行政化问题，揭露科层化管理与审判权独立行使之间的矛盾冲突，为进一步回归合议制度的内生价值提供更多的可行路径。例如，繁简分流限缩合议制度的适用范围，促进合议庭成员之间的平等协商，在一定程度上回归合议制度的民主价值。厘清审判职能与管理职能的关系，协调科层化管理与审判权独立行使之间的矛盾，回归合议制度的公正价值。针对审判分离的问题，从组织社会学的视角切入，剖析合议制度的组织架构，实行扁平化管理，明确合议庭的权责。

本书从组织社会学的视角，将合议庭作为一个组织来看待，即一个具有明确目标和独特结构的有机体。组织结构中所蕴含的紧张和冲突直接引起组织结构的变革。本书通过调查、问卷、访谈等实证研究的方式，对基层人民法院合议制度与独任制度的适用状况，以及司法实践中合议制度的运行现状进行考察和分析，以发现存在的问题并探究其原因，从而对症下药，厘清合议制度改革的内在逻辑与路径。对于合议制度改革来说，需要考虑合议庭与环境之间的互动关系，分析环境因素将如何影响合议庭的组织形态。通过比较中西方协商式合议与管理式合议特征的差异，及其对合议制度发展和存续造成的影响，结合我国合议制度中出现的"形合实独"困境，在合议制度的适用范围,以及评议方式、裁判过程、文书记录等方面借鉴域外合议制度的改革经验,从而构建适合我国国情的合议制度。众所周知,合议庭的运作以民主和公正为价值目标,合议庭的组织结构与其所承载的功能相匹配。围绕民主与公正的价值目标,如何设计和建构合议庭的组织结构,成为合议制度改革的重要环节。

研究方法上,本书在合议制度现状研究的论述过程中,通过实证研究对比合议制度与独任制度在司法实践中的适用效果、采用访谈的形式与法官交流实践中合议庭审判的实际效果等,将理论与实践相结合,让分析论证更充分有据,建议措施更具科学性。

(二) 研究思路

本书主要运用组织社会学的理论和方法,采取"提出问题—分析问题—解决问题"的结构安排,从整体上将合议庭作为一个组织加以认识,通过第一章对比合议制度的中西方差异,得出我国的"管理式"合议不同于西方国家的"协商式"合议。合议庭兼具审判与管理双重职能,这种对合议庭的定位是全书论述展开的前提,也构成了合议制度改革的组织基础。

第二章旨在表明现行合议制度在权威和高效价值的引导下,合议庭审判权运行对效率价值的偏重,对行政化机制运行的保留导致审判分离的现象。第三章主要考察社会环境对合议庭组织形态的塑造,并在合议制度的价值基础之上,结合目前制度的现状和所处的困境,分析了合议制度在我国司法实践中异化的原因。第四章深入合议庭内部,揭示了审判职能的民主性和公正性被行政化管理的权威和高效价值所侵蚀,科层化管理与审判权独立行使之间的张力,管理职能与审判职能的紧张冲突,进一步成为合议制度改革的内在动力,以此揭示合议制度结构变革的内在逻辑。改革的目的在于厘清审判职能与管理职能的关系,回归制度设计的初衷。

　　第五章将合议制度改革视为一种组织结构优化与整合的过程。强化合议制度审判职能的发挥,使其回归民主价值和公正价值,需要经过结构优化进行繁简分流,限缩合议制度的适用范围。大量简单案件适用独任制度,"形合实独"的问题也能得到一定程度的改善。同时,为缓解审判分离的现象,实行扁平化管理模式。通过科学配置审判资源,对合议庭的组成人员进行科学分配,完善合议庭责任制度,探究合议庭整体责任与其成员个人责任的合理配置,合议庭审判权与院庭长监督管理权之间的关系,明确各类责任的承担方式和具体实现路径,推动改革措施不断向精细化、具体化方向延伸。

第一章　合议制度的组织理论基础

　　组织是由具有某种特定目的并按照一定的规则建立而来的。合议庭是以审判为目的,由专业的法官按照一定规则成立的组织。立足于审判活动的专门性,合议庭审判具有一定的自主性,它需要在整体上保持相对独立的状态。[①] 随着经济的发展,社会分工不断细化,司法活动的审判职能衍生出一种行政的逻辑,因为司法与政治具有不同的属性和目标,并不能够将二者简单等同。[②] 就司法与政治的关系而言,司法只有与政治保持适当的距离,才能避免沦为政治的工具。[③] 长期以来,在我国司法运行中,案件请示制度等管理制度事实上干扰了审判权的独立运行。因此,改变审判运行不恰当的行政管理模式,需要基于审判职能与管理职能的分工要求,在内部结构上重新分配权力与责任的配置比例。对于合议制度而言,管理职能是一种服务于司法目标的派生性的行政职能。[④] 合议庭的运行也需要行政管理来维持自身的正常运转。但是,合议庭独立行使审判权作为司法活动专门化的结果,要求合议庭审判不受任何外部力量的干预。因此,厘清审判权与管理权的权力界限,权衡二者之间的关系,构成了合议制度权责分配的组织理论基础。

---

① 韩大元.论审判独立原则的宪法功能[J].苏州大学学报(法学版),2014 (1):1-10.
② 杨建军.法治国家中司法与政治的关系定位[J].法制与社会发展,2011(5):13-29.
③ 杨建军.法治国家中司法与政治的关系定位[J].法制与社会发展,2011(5):13-29.
④ 沈寿文.重新认识人民法院的性质——兼评人民法院的“去行政化”[J].学术探索,2015(2):6-15.

一、合议制度的组织形态与构成

本书所研究的合议制度特指司法裁判领域的合议制度,是法院依照规定程序对案件的事实、证据及其法律适用进行群体决策的制度。这种合议制度不仅具备合议的群体特征,还强调司法制度的基本特征,是一种多人决策的制度。我国民事、刑事和行政三大诉讼法规定人民法院行使审判权的组织形式有两种,即独任制度和合议制度,由此确立了合议审判原则。司法领域的合议制度在民事诉讼、刑事诉讼和行政诉讼中存在许多共性,制度的基本理念共通,但因诉讼主体的不同导致合议构造运行各有差异。民事诉讼中的合议制度强调平等民事主体之间的合议,刑事诉讼中的合议还包括检察院作为主体的合议,行政诉讼中的合议主要强调的主体是行政机关。受自身学科基础和资料占用的限制,本书的实证研究数据主要侧重于民事合议。

(一) 合议制度的组织形态

合议,"合"即"共同","议"即"商量""商讨"的意思。两者合并,"合议"即共同协商、共同完成决策的过程。广义的合议制度适用于经济、政治等社会生活领域,而本书所指的审判合议制度适用于司法领域。在司法制度中,"合议"外显为多个主体共同参与案件审理,强调的是合议成员集体共同审判。群体决策不是个体决策的简单相加,而是建立在个体决策的基础之上,将决策主体作为一个统一体有机整合。群体决策能够弥补个体决策的缺陷。由于个体决策存在局限性,对于复杂事物作出最优决策的风险较大,需要合议群体进行补足。只有参与合议过程的人才构成真正意义上的合议群体。"群体"是两个或者两个以上相互影响的个体为达成特定目标而组成的联合体。群体合议强调共同达成的目标以及决策主体间的互动关系。与个体决策相区分,群体合议所提供的信息较为全面,一旦决策出现错误也可以得到更好的校正。因而,群体合议适合于解决较为复杂的问题。个体决策是指一个主体单独作出的选择。如果多人参与讨论,但最终决定权仍然属于个体,这种仅在形式上满足群体决策的特征,实质上仍然属于个体决策。裁判决策既有个体决策的情形,又有群体决策的情形。合议庭裁判属于典型的群体决策,合议制度的设立初衷在于,通过群体决策的形式充分发扬司法的民主性,集思广益、相互监督,增强裁判结果的科学性,确保案件审判的公平、公正。合议制度作为群体决策的代表,一方面,有利于提高决策的科学性,优化处理事项。群体协商可以为决策提供更多的选择方案,防止个体偏见,让决策结果更为科学合理,同时方便发挥个体的组合优势,充分交流讨论,有效解决问题。另一方面,能让决策认可度更高。决策结果如果不被接受,不论决策过程如何,都难以被认可。因此,让更多的决策受影响者参加决策的过程,能提高决策结果的接受度和认可度。群体决策在现代社会的运用十分广泛,公司的股东大会以及政治领域的国会都会采用群体合议的方式。从公正和民主的角度来看,群体合议在一定程度上表征着合议的民主化,正好迎合了人们对司法民主的要求。毕竟,相比个体决策,从组织结构来看,无论是从民主性还是科学性的视角,群体决策的方式更体现发展上的进步性。

广义的合议制度是指群体通过一定的组织形式对公共事务完成集体决议的过程。合议制度是运用广泛且较为权威的制度,相较于个体决策而言,多人共同参与更具有说服力,也更能体现民意,确保决策客观公正。广义的合议制度主要体现以下特征:一是外观上的民主性。不能说合议制度更能确保决策结果正确,但可以确定的是,能让决策结果更为合理。正确与否的价值标准是非常复杂的,不能用单一的尺度来评判。同样,运用广泛的合议制度也没有将决策结果的正确与否作为唯一目标。因为多人参与的合议从理论上来说往往比单个个体更能权衡大局,作出的决策也更为合理,合议过程也更能体现民主性。回顾历史,在等级森严的中世纪,资产阶级取代封建专制,很大程度上也是因为封建专制缺乏民主性。因此,后来的资产阶级社会一直倡导民主。因为民主对于安稳人心、巩固社会秩序是非常重要的,无论是直接民主还是间接民主,都能在一定程度上代表和反映民意,而合议民主可以成为政治权力斗争中维护统治的重要武器。二是群体规模较大。一旦需要合议,往往会组成一定的规模群体,并按照特定的规则有序行事,一般按照少数服从多数的原则进行。因为一定规模的合议群体能更好地发挥合议集众的优势,确保合议过程的公正与合议结果的合理。三是成员组成多元化。成员并不局限于某一专业领域,而是来自社会的各个领域,多元且丰富。合议群体之间有些平等,有些相互隶属,个体虽复杂但具有代表性。合议成员的复杂多元是合议组成必不可少的,因为成员的差异化更能代表不同的声音,这样组成的合议群体才能实现真正的合议价值。

从微观意义上界定合议制度,本书特指司法制度中的合议制度,它指由多个审判主体通过集体商量的方式完成共同决策。从适用范围上看,合议制度主要适用于合议庭审理案件。从程序上看,合议制度强调程序性法律行为,而不是普遍意义上的集体讨论案情。这一概念特征是在合议制度的基础之上附加了司法属性,以此区别于广泛意义上的合议制度,主要包含以下三个特征:一是合议的主体是由多人组成的审判组织。合议庭的组成可以分为成员只限职业法官和有人民陪审员参与两种。第一种全部由职业法官组成的合议庭可以有效避免单个法官利用法律作出不公正裁判的风险,对于法官职业化、专业化的形成有重要意义。同时,也有利于明确合议庭成员相互间的权力与责任,提升审判质效,让决策更具科学化。第二种有人民陪审员参与的合议庭则更有利于民意的直接表达,可以对事实认定部分和法律适用部分独立发表意见,并行使表决权。人民陪审员对案件的事实认定部分,与职业法官拥有相同的表决权;法律适用部分,基于自身法律知识的匮乏,则不行使表决权。二是合议制度的内容是由合议庭成员平等协商,共同参与决策的。在合议庭构成上,审判员和人民陪审员拥有平等的审判权,彼此之间在地位和等级上区别于政治合议上的位阶差异。只有合议庭成员之间保持平等性,才能让合议的过程真正具有民主价值,发挥合议的集体智慧,达到实质合议的效果。三是合议形式上,彼此独立对案件表决意见,理论上不受任何组织的干预和限制。独立发表意见在合议过程中非常重要,如果只是彼此相互附庸对方的观点,就很难实现真正意义上的合议,更多的是一种形式化合议,其中的民主性也只能是一种形式民主,公正价值也无法得到保障。

(二) 合议制度的组织构成

总体上,合议制度的运行呈现"审判—管理"的二元模式,分别具有不同的运作特点和行动逻辑。首先,两者之间处于一种"主从关系",审判权居于主导地位,管理权从审判权中衍生而来,用于辅助审判职能。其次,管理权以追求权威高效为目标,审判权以民主和公正为价值追求。在审判过程中,合议庭成员之间地位、职权和责任平等,以少数服从多数的原则作出表决。与之不同的是,管理权受领导意志所支配,内部各成员呈现一种层级化的命令服从关系。在这种二元模式下,尽管管理职能以不损害审判权的独立行使为前提,但在实践中两者往往发生职能的交错混合,使得审判活动行政化色彩更加浓厚。[①]这种现象不仅表现为审判运行的行政化,即存在审判分离、层层审批,以行政程序代替诉讼程序的现象,还影响到合议制度的整体运行,包括组织模式、决策方式,甚至法官工作方式和思维方式的行政化。[②] 可以说,它是"以行政的目的、构造、方法、机理及效果取代司法自身的内

---

① 苏力.论法院的审判职能与行政管理[J].中外法学,1999(5):36-46.

② 肖宏.中国司法转型期的法院管理转型——兼对司法行政权与司法审判权在法院内部分离管理的论证[J].法律适用,2006(8):66-72.

容,形成以行政方式操作的司法"①。因此,改革合议制度能否发挥其内生价值,关键在于如何协调审判权与管理权之间的关系。

众所周知,群体的规模和人员构成直接影响裁判的质量。合议庭的组成主要涉及合议庭的组成人数以及相互之间的关系。对于合议庭人数的最佳数目,目前尚未达成一致的意见。一般来说,就完成任务而言,小群体比大群体效率更高效,大群体比小群体决策更合理。数据调查显示,通常由2—5人组成的小规模群体比较容易形成一致意见,在作决策时,奇数群体比偶数群体更有利。司法实践中,合议庭审理案件3人组成的结构较为普遍。3人是群体发生决策从众现象的高危人群,因为当你的意见与其他两个人不一致时,你很难坚持自己的差异化。在我国案多人少的现状下,要求增加合议庭组成人员不太符合实际。因此,一般情况下,合议庭由3人组成。对于重大疑难复杂案件,由5—7人组成的合议庭进行审理。

根据陪审团或陪审员参加合议的情况,将合议制度分为陪审合议制度和职业法官合议制度。陪审合议制度因陪审制度的不同可分为陪审团制和陪审员参审制。陪审团制合议庭是英美法系国家审理一审案件普遍采用的形式。在美国,陪审团从没有受过职业训练的普通公民中随机产生。法庭审判将事实认定与法律适用明显区分开来,陪审团的主要职责是进行事实认定,一般不参与法律适用问题。大陆法系国家在审理案件时采用陪审员参审制合议庭的形式,它起源于法国。在陪审员参审制合议庭下,陪审员与职业法官拥有同等的发言权,既参与事实认定,也对法律适用发表意见。尽管在法律上规定了陪审员与职业法官拥有同等的权力,但事实上并不能完全得到落实。职业法官合议制度对审判的专业性有着较高的要求,通常运用于上诉程序中,全部由职业法官组成。当职业法官对案件事实和法律问题进行评议时,有着专业的思考方式和论证逻辑,在评议时容易达成一致

---

①　龙宗智,袁坚.深化改革背景下对司法行政化的遏制[J].法学研究,2014(1):133-149.

意见。① 在审判权的分配上,陪审团合议制度将审判权划分为认定事实和适用法律两项内容,由陪审团行使认定事实部分的审判权,职业法官行使法律适用部分的审判权。陪审员参审合议制度没有将认定事实和适用法律这两项审判权作出明显的区分,而是由陪审员和法官共同行使。近年来,两者相互取长补短,逐渐融合。陪审合议制度加强了陪审团对事实认定部分审判权的规制,职业法官合议制度则在一定范围内扩大了陪审员事实认定部分的参审权。与普通民众组成相比,虽然可以保持较少的人数,但是由于合议庭成员的相关度较高,彼此间受从众心理的影响,加上单一的法律训练,裁判结果的合理性受到限制。当前的法官合议制度采用3—5人的合议方式较为普遍,一方面,这个数量在规模上不会过于庞大,影响审判效率;另一方面,相较于独任法官审判,可以充分发挥集体智慧的优势,防止个人偏见。当然,前提是合议庭组成的法官彼此能够独立地发表意见,不受从众心理的影响,因为合议群体只有在合议个体独立的基础上才对裁判产生实质影响。

在由职业法官与普通民众组成的参审制中,职业法官和普通民众组成参审庭统一处理法律问题和事实问题,在合议庭成员的决策能力上可能处于职业法官合议制度与陪审合议制度两者之间。由此可见,参审制将职业法官合议制度和陪审合议制度的优点有效结合起来,降低了决策的风险,有利于提高审判效率。参审制由普通民众和职业法官共同组成,合议庭只能由职业法官主持,当遇到与专业法律知识相关的问题时,普通民众习惯于征求职业法官的意见,依据职业法官的判断共同作出裁决。如果参审庭由一名职业法官和几名民众共同组成,基于法律知识上的优势,参审庭很容易被职业法官的个人意志所操控。这会导致判审分离局面的形成,因为审判最终由职业法官一人作出,虽然案件的审判责任由合议庭全体成员共同承担,但其实并没

---

① 常怡.比较民事诉讼法[M].北京:中国政法大学出版社,2002:272.

有真正行使审判权。因此,参审庭中普通民众的参与人数应多于职业法官,否则即可能形成形式意义上的民主。

二、合议制度的基本价值与功能

合议制度在运作过程中追求的公正和效率,分别对应法院的审判职能与管理职能。在实现目标的过程中,组织成员的活动有程度不同的分工,以及相应的权力、职责、利益等的分化①,组织是一个有机体,必然存在自身的运作逻辑。权威高效的组织追求的是效率价值,要求按照效率最大化的原则组织生产,按照理性选择和效率机制,是组织各主体之间相互博弈、彼此均衡的结果。

(一)民主价值与公正价值

价值作为哲学范畴的基本概念,是客体对于主体的重要意义,也是对主客体关系的一种主体性表述。法的价值,是以法与人的关系为价值基础的,"一个值得被广为认可的制度,都会关注某些基本价值,如果完全无视其基本价值的社会制度,很难被认为是一种真正的司法制度"②。可以说,不对合议制度价值进行研究很难准确理解合议制度的内涵,只有把握合议制度的价值,我们才能明确合议制度的改革方向。任何一种改革措施的背后都隐含着重要的制度价值。例如,合议庭独立行使审判权以及去行政化等改革是否与公正价值相契合?目前在对合议制度的改革中,有研究提出了对外改革审委会制度和改革院庭长审批案件制度,对内改革合议庭评议规则等,但对改革的法理价值研究并不充分。比如,为什么提出要还权于合议庭?探究这些改

---

① 杨伟民.组织社会学的产生和发展[J].社会学研究,1989(1):82-88.
② 王仲云.合议庭制度的几个基本理论问题探析[J].当代法学,2003(7):155-157.

革措施背后的法理性价值才是研究的重点。为此,我们从规范的层面梳理合议制度存在的各种问题,如针对审判长制度、主审法官制度、承办法官制度对合议制度的民主价值的实现存在什么样的阻碍?审委会制度对合议制度公正价值的冲击究竟影响有多大?合议庭独立行使审判权背后与民主价值、公正价值存在何种关系?只有在对价值性的问题进行清晰的梳理之后,才能解决合议制度异化后的技术性改革问题。

在合议制度的基本特征中,集体行使是合议制度的形式要素,是构成合议制度的前提和基础,平等参与是民主基本理念在合议制度中的体现,共同决策是合议制度的外在表现形式,独立审判是实现实质合议的重要保障。我们将合议制度划分为实质和形式两种。如果合议庭成员充分发挥了民主价值,对案件的处理结果具有实质决定权,则构成实质意义上的合议制度;如果合议庭成员只是集体参与了案件审理,并没有发挥民主价值,对案件结果并没有实质意义上的决定权,则只能称为形式意义上的合议制度。我国古代的合议虽然表面上由多人集体行使,但并没有体现真正的民主价值。合议庭的共同决策建立在成员平等参与的基础上。集体决策过程中有组织有次序的协调工作不仅能提高审判效率,还有利于合议庭成员充分表达意见。现代合议制度的运行遵循共同决策的理念。陪审团与法官形成分权制衡,裁判的意志合成也是通过合议庭成员共同产生的。这符合共同决策的特征,是公正价值的表现形式。共同决策要求合议庭全体成员必须参与决策,不能随意弃权。之所以不能弃权,是因为合议庭成员行使的是一种审判权,审判权作为公权力,不能随意弃之。虽然在理论上,弃权是当事人依法享有的自由民主权利,但如果允许合议庭成员在集体决策时随意弃权,意味着可以随意放弃法律赋予的审判职责,这显然与司法制度设计的基本理念相悖。

民主价值是合议制度的核心价值。合议制度体现社会民主功能,合议庭成员内部"少数服从多数"的原则体现"民主集中制"的精神,合议制度的民主价值不同于普遍意义上的"大众民主",这种民主价值限于合议庭内部成员之间平等观点的表达。虽然它契合司法民主的精神,但显然并不具备政治意义上的民主意蕴。民意作为民主的一种表现形式,合议庭中人民陪审员参与的合议是民意表达的直接方式,是民主政治原则在司法中的体现,因为无论是陪审团制度还是参审制度,均是司法吸收普通民众参与审理。显然,相较于合议制度,陪审制度更能体现政治上的民主功能。在政治观念里,陪审制度所体现的"司法为民",比合议制度承载的司法民主更为直接。然而,陪审制度以合议制度为载体,因为陪审制度的民主功能在现代社会更多是赋予其象征意义的。虽然陪审制度的民主与合议制度的民主都符合现代民主原则的精神,但前者更强调内部成员之间的平等性,平等合议、评审和决策,而后者更多赋予社会政治意义上的民主功能。众所周知,法律制度必须满足人们的主观需求才能得到进一步发展。合议制度最初的期望是法律应该是民主的法律,而不能变成一个人的法律。通常意义上的司法民主,是指社会成员的参与性、司法机关之间的相互制约与监督,对于司法机关内部的民主是比较忽视的。实际上,内部的司法民主相较于外部更为实质化。合议制度作为法院内部的民主,其内容与外部民主有着本质的不同,不仅表现为参与主体的不同,而且决策机制也不太一样。只有通过司法机关内部的民主,才可能获得科学、合理的判决结果。

从政治学的角度看,平等是民主制度的产物,没有民主制度就不会有平等行使权力。审判成员依法享有平等参与权,任何人都无法剥夺这种权力。平等参与强调一种制度上的平等。在审判阶段,体现为合议庭成员享有平等审理案件的参与权。在评议阶段,体现为合议庭成员平等表达自己意见的权力。在决策阶段,体现为共同决定案件的权力。每个合议庭成员的表决也是平等的,其意见都是独立表达的,不因为资历的深浅而不同。法官不论职务、级别和资历,原则上都平等地对案件行使审判权。法官之间可以有不同的审级之分,但绝不能有等级差别。但在司法实践中,合议庭不能形成多数意见时,通常以审判长的意见为准,这也是对平等原则的违背。当然,强调平等参与并不排斥合议庭内部的分工协作。在司法实践中,合议庭部分成员事实上的影响力大于其他成员,从本质上来说与平等参与权并不矛盾。合议庭成员的平等参与权主要是为了防止来自合议庭之外的其他干扰。如果合议庭某些成员对案件的分析能力较强,意见更能为其他合议庭成员所认同和接受,导致其意见的影响力更大,这并不与合议制度的民主价值相悖。

在合议制度的价值体系中,公正是最重要的价值。公正是社会公众对法律的基本要求,同时也是最高要求。法律制度必须符合民众的基本要求才能得到进一步发展。公正价值作为合议制度的结果价值,是人们对于合议制度的基本期望。具体而言,合议庭成员集体审理案件,直接听取双方当事人的诉讼和辩论,在此基础上形成对案件事实的不同意见,最后共同评议作出裁判,这一过程相较于独任制度而言更能体现公正性。合议制度能更好地体现程序公正,让程序过程更加公开和透明,保障法官在审判过程中适用的法律更加准确、合理。合议庭独立行使审判权保证了依照程序法所确定的制度内容的实现,不仅让程序更加公正,也使判决结果更加公正。合议制度有助于确保裁判者对案件事实的认定更加全面客观,防止独任制度审理可能带来的疏漏,从而确保判决结果更加公平公正。虽然在某些简单案件中,合议制度的优越性无法完全得到体现,但在重大疑难复杂案件中则非常明显。

那么,合议庭独立行使审判权是如何实现公正价值的呢?首先,独立行使审判权是实现司法公正的重要前提条件。由于司法权行使的特殊性,司法制度过于追求规范化,法官从事司法审判工作时,习惯于听从司法行政机关的指令,很容易陷入司法官僚化,这些弊端的存在都会阻碍合议制度的发展。独立行使审判权是通过审判组织的独立形式来实现的。我国《宪法》《民事诉讼法》《人民法院组织法》均规定人民法院独立行使审判权,独立核实证据、认定事实、适用法律,不受任何行政机关、社会团体和个人的干涉。合议庭独立行使审判权,就是脱离行政管理模式,不受外来力量影响,将庭长、院长的把关作为业务的指导和监督,使裁判更客观、更理性。其次,独立行使审判权是公正审判的基本保障。"独立行使审判权"有两层含义:一是要求"裁判主体"统一。裁判者作为独立的裁判主体,需要在案件审理过程中,独立自主地作出裁判。目的是确保法官责、权、利相统一。二是要求"审理"与"判决"统一。按照民事诉讼直接言词原则的要求,在裁判结果作出之前,审判不能被无故中断。由此可见,独立行使审判权对保障司法公正具有非常重要的意义。独立行使审判权有利于实现实体正义。实践经验表明,影响合议庭独立行使审判权的威胁主要来自法院内部的行政领导及外界新闻媒体。当审判一些重大疑难复杂案件时,他们往往给审判者带来很大的压力。一旦合议庭不能摆脱这种压力,就会影响裁决的客观性和公正性。在这种压力下,合议庭作出的裁决极易导致裁判结果的不公。一旦丧失了独立性,审判就很容易成为一方谋取某种利益的工具。独立行使审判权以实现审理权和裁判权的有效统一为目标,实现这一目标有助于促进程序正义。一旦审理权和裁判权剥离,举证、质证、辩论等活动就不会对审判结果造成实质性的影响。并且,独立行使审判权可以让合议庭公平公正地对待意见分歧,形成公正裁决。独立行使审判权的合议庭法官,可以耐心倾听诉讼双方的不同见解,以此避免自身偏见,维护当事人合法的诉讼权利,依照少数服从多数的原则形成公正裁决。

(二) 群体决策的功能

组织的结构与功能是密切相关的,一定的组织结构需要通过功能才能得到体现,而一定的功能,又必然依赖于一定的组织结构产生。^① 从组织的层面上,功能的分化形成了组织的结构,结构又表达出组织中各种功能的逻辑关系。^② 在组织内部存在一定的等级和层次结构,依托"命令—责任"的机制形式有效地实现控制。^③ 这种高度集中的组织管理模式与平等协商的群体决策模式是完全不同的两种运作模式。

　　我国合议制度下的审判权作为一种集体审判权,要求合议庭成员共同平等地参与案件审理、评议和裁判,依法履行其审判职责,而不是把审判权交给其中一人或合议庭以外的人行使,这也是民主价值的一种体现。合议庭成员由三人以上组成,坚持少数服从多数原则,是民主集中制在司法活动中的具体运用,体现集体意志、集体智慧和集体负责。合议庭全体成员平等参与案件的审理、评议和裁判,依法履行审判职责,因此,合议庭成员拥有平等参与案件审理的权力,在裁判案件时,拥有平等决策权。在我国,人民陪审员和职业法官都拥有平等参与权。在审判长主持下,全体合议庭成员参与案件审理、评议、裁判,共同对案件的事实和法律适用负责,任何程序、实体问题都要经合议庭集体研究,任何合议庭成员不能单独作出决定。全体合议庭成员集思广益,集体把握法律精神,统一适用法律,所作出的裁判反映法律适用的群体意志。当然,合议庭成员的平等参与权并不排斥个别能力强的法官对其他成员的影响,合议庭成员在自身判断的基础上赞同其他法官的意见也是一种平等选择权。首先,重要事项集体商量决定是我国的文化传统。在我国的传统文化中,集体协商后作出的决议往往比个人作出的决议更有说服力。从古至今,大部分重要事项的决议都是通过会议形式的集体讨论决定的。群体决策要求合议庭组成人员至少为三人,共同参与对案件的审理裁判工作。群体决策作为合议制度最突出的特征,直接

---

　　① 刘祖云.组织社会学[M].北京:中国审计出版社、中国社会出版社,2002:251.
　　② 邱泽奇.在工厂化和网络化的背后——组织理论的发展与困境[J].社会学研究,1999(4):1-25.
　　③ 于显洋.组织社会学[M].北京:中国人民大学出版社,2016:123-132.

构成合议制度的前提和基础。我国的文化环境决定了合议制度在配置应用时对法官的个人能力持保守态度,对群体决策更加信任。其次,从司法实践层面看,我国部分法官职业化水平还不够高,独任法官整体上专业素养和经验不足。对于复杂案件,院庭长也不敢放权让独任法官单独审理。从权力行使的主体看,合议庭成员为审判权力行使的主体。由于合议制度的制度起点和法理基础在于平等性、民主性,这种特性不仅体现在程序设置上,而且强调合议庭内部参与成员在各自独立表达自己意见的基础之上能做到互相平等、共同裁判。这进一步说明合议庭成员之间根本上的地位平等非常重要,即内化的评议民主对于制度本身的整体性建设意义。因此,在对合议制度进行改革和完善时,必须建立在维护合议制度存在的根基和理论基础之上,让合议制度的民主价值能够通过合议庭成员在保持各自独立的前提下平等交流、平等评议、平等决策中得到实际意义上的实现。

实行合议制度,有利于充分发挥集体审判的智慧,防止审判人员在认知能力上的主观片面性,保障案件审判质效。法院采用合议的方式处理案件,主要是因为在重大疑难复杂案件上,集体智慧通常要优于个体。同时,通过合议庭内部的相互监督、制约,还可以防止司法腐败。然而,随着司法实践情况的变化,合议制度具备的天然优势也逐渐受到质疑。现代合议制度的功能不只在于分工合作,还在于发挥合议庭成员各自的经验优势。司法裁判作为一种判断权的行使必须有充分完整的信息基础,合议庭功能的实现需要多主体共同参与案件讨论协商形成共识,让每个人独自完成自己的工作、平等协商讨论案件,实现诉讼民主化,促进裁判结果的公正性,抑制司法腐败。

第一,丰富审判意见,提升审判质量。在我国司法实践中,独任法官在处理较为复杂的案件时,面对出现的新情况、新问题,不能完全适应。合议制度的建立,可以聚集更多的智慧补充审判意见,确保判决的质量,有助于强化裁判事实,减少主观随意性,有利于作出公正合理并为大众所接受的评议结果。众所周知,群体决策考虑问题更丰富全面。群体决策较之于个体决策不一定更优,但集众人智慧作出的决策考虑问题更充分全面。个体受到思维的局限在决策过程中往往存在偏好,影响决策的准确性。群体决策集中众多智慧,在讨论过程中可以实现资源合理配置,可以弥补个体决策的偏好和思维固化。

第二,防止司法腐败,保障法院廉洁性。合议制度可以对司法不公、司法腐败的现象从制度上加以遏制。合议制度相对限制了法官的专制权,有利于加强法官的廉洁自律。合议庭成员集体审判不仅可以有效防止司法审判中过多的政治干扰,让审判中的权钱交易、以权谋私等腐败行为受到一定限制,防止司法腐败,还可以抑制法官因专业局限或者行业利益所出现的某些偏见,让审判更加客观全面,有效维护司法公正。权力行使是一个互相制约监督的过程。公正司法是维护社会公平正义的最后一道防线。从规则上理解,每一个合议庭成员都享有平等评议案件的权力,可以独立地发表意见、作出表决,彼此之间互相影响而非干涉。我们知道,独任法官在审理案件时由于内外的各种利益掺杂容易受到诱惑和威胁。而合议制度下法官相互制衡,在一定程度上可以有效预防司法腐败,避免司法不公。可见,无论是从合议制度程序的设置,共同参与评审防止权力滥用,还是民主评议的方式,平等行使表决权确保审判公正,合议制度与独任制度相比更有利于预防腐败。

第三,提升职业风险的预防力。合议形式对外形成一个整体,对案件形成安全防范体系,让其作出的裁决可以对抗任何非经法定程序而作出的意志或者决定,达到分工负责、互相配合、相互制约的目的。另外,司法实践中,由于对"错案"的界定并不清晰,这可能导致法官谨小慎微,不得不寻求上级法院的意见作出裁判。面对争议较大的社会案件,单一的法律问题中夹杂着各种人情和价值判断,面对不断施加的各种压力,法官难以独自抵抗。在一些外界压力比较大的情景下,群体决策会比个体决策更能抵御外部压力。合议庭作为一个审判整体,在规避职业风险、确保审判免受外界干扰方面起到了重要作用。

综上所述,合议制度对于我国司法实践而言,具有不可替代的价值,对于保障司法公正、促进司法民主、完善司法制度有着重要意义。

三、合议制度的组织演进与变革

(一) 中西方合议制度的起源

合议群体的概念起源于原始社会时期,由于当时生产力落后,人类依靠群体集居,相互扶持抵御外界进攻。氏族群体在长期相处的过程中,对于一些涉及公共利益的事情,需要以群体协商的方式作出最终决策。随着生产工具的改进,人类开始进入农耕时代。私人对土地和生产资料的占有,产生了私有财产制。国家的诞生,使原始的民主平等协商趋于瓦解,决策权逐渐由少数统治者掌控。这一时期的合议主体被限定在特定范围内,多数人对于公共事务并不能直接参与群体决策。与此同时,合议规则也发生了一些变化。那么,合议制度是如何起源的呢?它在产生之时是否就有诸多弊病?这些弊病现在又发生了怎样的变化?

西方合议制度最早的雏形是古代氏族社会的原始民主制,古希腊雅典时期出现了民众法庭等平民议事裁决机构。这一时期的平民议事裁决机构是属于普通民众大会性质的审判机构。与此同时,古罗马在同一时期出现了百人团大会等集体审判议事机构。需要说明的是,古罗马的集体审判议事机构虽然属于审判权的一种,但同时具有行政机构色彩与军事组织特征。这些可以视作西方历史上最早的司法合议,主要呈现以下特征:第一,合议制度作为政治民主的象征,随着民主制度的发展而不断成熟。第二,采取民众合议的形式,参与人数较多。这个时期的合议制度代表直接民主的表现形式,民意体现较为直接。第三,合议结果的终局性。公民大会上的投票结果具有最高司法效力。到了中世纪,在欧洲庄园,当纠纷发生之时,庄园法庭可以进行审判。法庭由庄园内部领主和农奴全体成员共同组成"诉讼参与人"。该模式被称为"参与裁判制"。这种审判模式让审判参与者产生了基本的民主观念和权力意识。这一时期的合议民主在程序上还很不成熟,但也反映了合议制度萌芽阶段的初级形态。随着资产阶级革命的爆发,代表民主的合议制度成为西方国家维护政治统治的重要武器。早期由陪审团制度演化而来的参审模式和陪审团模式都在这一时期诞生。

　　吸纳广大公民群体参与的合议制度初级模式,与真正意义上的司法合议制度相比,只能代表合议制度的基本雏形。大陆法系长期以来形成的集权主义传统,强调结果公正。这一点与以陪审制为基础的英美当事人主义诉讼模式差异较大。因此,大陆法系国家在引入陪审制之时,一方面想要保留对司法的绝对控制权,另一方面又想引入陪审制带来的民主自由的理念。由此,根据两种差异性模式的现实转化情况,在陪审制基础上变通而来的参审合议制产生了。经过多年发展变迁,职业法官的控制力逐步加强,非职业法官受到各方面的压制,加之专业上的欠缺,难以发挥真正的制度价值。我国古代审判制度下合议审判的官员并不全部拥有最终裁判权,审者不判或者请求上级请示是常态,涉及国计民生的一些重要案件,最终决定权掌握在皇帝手中。高度集权的专制制度,让合议制度仅限于发挥形式上的工具作用,民主、平等没有得到真正实现。作为封建社会合议制度的典型,《周礼》的"三刺"之法,已经带有合议色彩,反映出朝廷在审理案件时,至少需要通过三次讯问才能实现审判公正:讯问群臣,讯问群吏,讯问民众。这种富含民主因素的审判方式在当时体现了一种朴素的人道主义精神。同时,强调司法官在审理案件时,要广泛听取大臣、小吏和庶民的意见。后来《周礼》的"三刺"纳入法典，形成了系列会审制度。[①]"三刺"制度与会审制度均反映了法官审理案件需要听取民众的意见。在汉朝，多名高官联合审判重大案件，名曰"杂治"，也是民主的一种体现。

实质意义上的合议制度源于清末修律时期。随着民族危机的加深，清政府在引进西方新式军备的同时，制度层面也进行了系列改革。1910 年《法院编制法》明确规定审判案件采用独任制度或者会议制，这里的会议制也就是文中的合议制度。但是，不久清政府被推翻，合议制度还没来得及真正落实。辛亥革命以后，随着民主思想的广泛传播，南京国民政府在改革司法机关诉讼制度的基础上，引进了陪审制度。推广合议制度，成为维护巩固政治统治的需要。合议制度被明确规定在法院组织法、民事诉讼法、刑事诉讼法中，普通百姓也可以参与法庭庭审，反传统的民主法制得以显现。抗日战争时期的合议制度要求合议成员平等协商与表决，陪审员从不同阶层选拔，与审判员拥有同等表决权。然而，在具体实践中，更多的判决取决于行政委员的意见，合议制度更多代表政治意义，象征性较强。新中国成立以后，职业合议制度建立，合议制度作为审判案件的基本原则被明确。不过，此时的合议制度作用不是十分明显。改革开放以后，随着我国民主与法治建设的不断深入，新的《宪法》《人民法院组织法》等相关法律先后颁布，合议制度的适用范围、组织方式、议事规则等也有了详细规定。由此，现代意义上的合议制度在我国正式建立。合议制度的演变过程也反映出我国司法环境的变化对审判权的影响。

综上所述，我国古代的合议制度更多强调形式意义，实质意义上的合议制度是近代以来学习西方司法制度的结果。由制度本身观察背后的司法传统可知，民主是合议制度赖以生存的土壤。从西方国家直接照搬照抄过来的合议制度规则在缺乏民主土壤的环境下培育，只

---

① 会审：指几个司法机关或司法机关与中央其他部门一起会同审理重大疑难案件。

能是"南橘北枳"的后果。

（二）管理式合议与协商式合议

合议制度在两大法系有着各自不同的发展轨迹,存在诸多差异性的同时,也存在发展上的趋同性,这正是研究合议制度历史脉络的重要价值所在。基于各国司法环境和社会制度的差异,合议制度在不同国家的表现形式也不一样。西方封建制度下,国王与臣子之间的君臣关系相对松散,臣子在自己领地范围内有着相对的自主权。臣子形成了议事会,对国王也作出了相应限制。如果国王触犯臣子的合法权利,还会被联合反对。基于此,西方国家的合议制度更多呈现出"平民化"色彩,也更加体现自由、民主精神,是一种协商式的合议。我国由于受长期高度集中的中央集权专制统治的影响,合议制度更多体现"等级化"色彩,是一种管理式合议。与西方国家相比,由于政治统一的原因,中国合议制度的起源与演变更简单。每一次改朝换代大都在沿用上一朝代的基本制度上作出轻微调整,基本没有改变专制统治下保留有限民主制的做法,这种形式化的民主引领了我国漫长的封建社会,对社会的发展和变迁也起到了一定的推动作用。目前,合议制度在两大法系的运行机制上存在一些共同特征:第一,合议特征不足,合议过程呈秘密性。在司法审判过程中,案件的裁判结果由享有司法权的主体在一定规则的支配下秘密投票产生。第二,合议主体规模过大,成员彼此之间沟通不足,无法实现真正意义上的合议。第三,政治色彩过于浓厚,司法审判的专业属性有限。

通过对以上中西方合议制度对比可以得出,合议制度运行的几个要点:第一,独立行使决策权。合议程序能否独立决策,决定了其本身的性质。独立决策也是合议运行机制基本要素中最核心的组成内容。只有能够实现独立决策,才符合真正意义上的合议。反之,合议制度并非代表实质意义上的审判机关,更多地体现为统治者的辅助机构。

因此,如果合议庭成员不能独立地表达自己的观点,实现平等协商、独立决策,合议制度就失去了其存在的意义。西方的合议制度中,统治者不能随意更改合议议定的结论,基本无须上报统治阶层审批,可以独立形成裁决结论。第二,实现有限的司法民主。有限的司法民主是合议中最为独特的属性要素,将民主规模控制在一定的限度之内,是司法权作为判断权的基本要求。第三,运行程序规范。规范性是体现合议运行机制完善程度的重要内容。司法合议在规则约束下进行案件审理程序,如果合议制度评议规则、表决规则不规范,合议就缺少了基本的程序要素。城邦政治的公众参与性延伸至近现代的司法合议制度,都严格保留了投票表决的行为传统,确保运行程序规范合理。

通过对合议制度由来的梳理可知,我国合议制度与西方的合议制度由于环境的不同,在历史形成与后期演进上也有很大差异。我国数千年的奴隶社会、封建社会培育出的集权思想形成了形式意义上的合议制度,然而,民主的司法环境才是构成实质意义上的合议制度最重要的土壤。实现实质意义上的合议制度,需要精心培育司法民主的客观环境。学习引进西方制度的同时,需要对各自的背景进行具体分析,既要借鉴西方合议制度的成功经验,也不能完全照搬其运作模式。

四、合议制度的组织责任理论

组织结构作为制约条件或客观实在,控制、规定或支配着组织主体的行为;主体的具体行为又在使结构得到再生产的同时,形成等级分明的权威秩序。[①] 在等级结构中,按照等级地位的高低来分配权责,不仅可以通过晋升机制和考核评估激励主体行为与组织目标相一致,

---

① 王亚新.程序·制度·组织——基层法院日常的程序运作与治理结构转型[J].中国社会科学,2004(3):84-96,207.

还可以依靠"上令下从"的层级关系在内部形成明确的责任分工。① 长期以来,我国法院实行一种"上令下从、垂直领导"的行政管理模式。② 它建立在承办法官独自负责案件审理的基础上,包含了院庭长审批、审委会讨论和审判长签署裁判意见等各个具体要素。③ 然而,从审判长到承办法官,这种决策权力分散的民主集体决策过程,往往导致"没有人对案件结果负责,也难以将责任追究到个人"④。随着新一轮司法改革的全面启动,推进扁平化管理,转变等级化的科层结构,成为改革的关键所在。在合议庭内部,各主体依照职权分工、平等协商的方式形成一种契合合议庭审判权运行的组织结构。这种组织内部构造需要与合议庭的功能目标相适应,呈现一种横向的扁平结构。同时,还存在一种以"命令—服从"为特征的纵向科层管理结构。一个组织在横向和纵向上所设置的各种权责关系,成为该组织内在结构的直接呈现。⑤

(一) 审判组织的权责分配

审判活动具有特殊的性质和规律。狭义的司法权是指依法对案件进行审理和裁判的权力,包含审理权和裁判权两部分。"法官作为审判权的行使主体"强调的是法官作为行为主体履行审判职责;"审判组织作为审判权的行使主体"强调的是组织代表法院履行审判职责;"人民法院作为审判权的行使主体"强调的是审判权与其他权力的界限。人民法院的工作主要依托两种运作程序:一种是诉讼程序,一种是管理程序。法院的审判工作适用于诉讼程序,法院的行政管理工作

---

① 西蒙.管理行为[M].詹正茂,译.北京:机械工业出版社,2020:170-190.
② Cohen M D, March J G, Olsen J P. A Garbage Can Model of Organizational Choice[J]. Administrative Science Quarterly,1972(1):1-25.
③ 陈瑞华.司法裁判的行政决策模式——对中国法院"司法行政化"现象的重新考察[J].吉林大学社会科学学报,2008(4):134-143,160.
④ 苏力.论法院的审判职能与行政管理[J].中外法学,1999(5):36-46.
⑤ 杨知文.法院组织管理与中国审判管理体制的建构[J].河北法学,2014(10):2-9.

适用于管理程序。① 审判权的独立行使依赖一种自上而下的"命令—服从"等级机制来处理与审判相关的内部事务。在本质上，合议制度改革是一种组织结构的分化与整合。当一个结构有利于组织目标实现之时，才能成为与之相适应的组织结构。② 组织结构中所蕴含的紧张或冲突，进一步形成组织演变的动力。

审判责任主要体现在行为责任，即法律规定由审判组织为审判行为及其决策权承担的责任。现代汉语中，"责任"是指完成分内应该做的事，也可以理解为指代一种角色义务。我们每个人在社会上都扮演着一定的角色，也承担着与该角色相对应的义务。审判责任在本书中特指法官在履行审判职责的过程中，在其职责范围内对案件质量承担的责任。严苛的审判责任，容易造成法官审判压力过大，迫使法官为逃避审判责任，减轻审判负担，而采取上报院庭长、提交审委会讨论决议等行为，最终影响法官审判权的独立行使。至于案件审理的法院内部各主体权力如何配置的问题，就属于另一个层面需要探讨的问题了。根据"责任"一词的基本语义，"裁判者负责"是指：法官不仅需要对案件的事实认定和法律适用部分负责，对案件的审判质量负责，对错案承担终身责任，还要对当事人负责，对司法公正和社会正义负责，坚守法治信仰，抵制与审判无关的外在干扰。"让审理者裁判，由裁判者负责"可以这样理解：在法院的外部关系上，法院是案件的审理者，只有法院才能对案件进行审判，对裁判结果负责；在法院的内部关系中，各审判主体对案件的裁判权必须建立在案件事实审理的基础之上，并对其裁判行为负责。"裁判者负责"不是指承担行使审判权力的结果，而是在审判过程中履行裁判职责的法官如果存在违反法律或者职业道德的行为，应该为其行为承担相应的责任。

审判责任制的核心价值在于保障审判权的独立行使，只有追责主

① Luhmann N. Social Systems[M]. Stanford：Stanford University Press，1995：295-297.

② 莫顿. 显性功能与隐性功能[M]//帕深思，莫顿. 现代社会学结构功能论选读. 黄瑞祺，编译. 台北：巨流图书公司，1981：78-87.

体具备审判独立性,才能保证法官行使审判权时不受政治因素和社会舆论压力的干扰。审判权的核心是对案件作出裁判。裁判,是在查明案件事实真相的基础之上,依据法律的内在原则以及情理、道德、政策等外部性规范来解决纠纷。因此,裁判才是真正意义上的司法。合议庭审判责任制改革的目的就是还权于合议庭,建立以审判权为核心的合议制度。审判责任制的完善,是由司法权的运行特点与公权力运作的共有原则决定的。一方面,权力的行使必然伴随责任的承担。在法治国家,有权必有责,不存在没有任何责任的权力。司法权作为公共权的重要组成部分,这种公权力的共性决定了其必须遵守权责统一的法治原则,不能以司法权的独立行使来主张责任的豁免。司法权的独立运行是在案件追责范围与免责情形之间设定一个合理的考量标准,但不能以此为由否定审判责任的承担。另一方面,司法权本质上归属判断权,有其自身特有的运行规律。法官在履行审判职权时拥有自由裁量的权力,决定了其可以依靠自己内心的信仰进行审理和裁判。因此,在建构和完善审判责任制时,要充分考虑审判权运行的特点,确保审判责任的追究不会损害审判权的正常运行。

"权责统一"是任何权力正常运行的基本规律,审判权力的运行也是一样。完善审判责任制,既是实现司法公正的重要前提,也是权责统一原则的必然要求。在制度构建时,应当遵循司法规律与我国实际相结合,在独立行使审判权和追究审判责任之间寻求适当平衡。在现代民主法治国家,司法权的规范运行需要遵循三个基本原则:权力法定、用权受监督和权责统一。权责统一是法官践行"司法公正"的重要保障。只有权力与责任相结合,才能让法官个体拥有真正的"主体地位",保障司法的独立与权威。裁判组织的职能发挥是构建以审判为中心的诉讼制度改革的关键一环,可以保障法院依法独立行使审判权。合议制度的改革完善对于规范合议庭的具体规则具有重要意义,有利于审判权力的公正行使。

（二）审判责任制度的价值基础

合议庭合理分配审判权是实现司法公正的制度基础，是司法逻辑的必然结果。以少数服从多数来决定合议庭意见，表面是司法民主，实质是司法公正，也是合议制度最本质的特征，对于防止个人专断、发扬司法民主、确保诉讼程序和裁判结果公正等方面都具有重要作用。法官个体思维必然有个人意志因素，其对案件事实的认识和对证据的分析带有一定的主观倾向。由于不同的法官在受教育程度、思维方式、个人品德等方面存在差异，势必对同一法律规定持有不同的理解和认识，因而会作出不同的判断，裁判结果便具有不确定性。合议庭多个成员参与审判，会最大化抑制主观偏见，使认识更加客观，提升司法工作透明度，最大限度保证裁判的公正。同时，合议庭审判权的独立行使要求合议庭在具体审判过程中不受外部国家机关、社会组织，内部法院领导与其他法官的干扰。在案件审理的问题上，合议庭对案件的裁判结果代表法院的裁判结果。按照诉讼法的相关规定，由审委会讨论的案件，以合议庭的名义作出判决。

现代社会中所谓的审判主体独立行使审判权，即法官根据法律程序，按照自己的理性进行案件审理和裁判，不受任何外部因素的干扰。审判权的独立行使是审判规律自身的必然要求，不仅合议庭成员独立行使审判权，合议庭作为一个整体也独立行使审判权。当事人将案件纠纷提交法庭处理是基于司法裁判的透明性和公信力，期望法官开庭审理了解案情后作出一个可接受性的公正的裁判结果。但是在我国司法实践中，合议庭的案件裁判权并不完整独立，通常以各种方式和途径分享给了院庭长和审委会。法院的多个审判主体各自通过直接或者间接的方式参与到案件裁判中，审判权责分配混乱，最终导致审判分离的局面。对当事人而言，将纠纷交给一个不直接参与法庭审理的法官，风险是极大的，也是不符合司法规律的，不仅降低了当事人的信服度,也削弱了司法公信力。因此,裁判者能否合理分配审判权对能否实现审判制度的设立初衷至关重要。审判权的独立行使由司法权的完整性延伸而来,确保合议庭审理案件的正当性,是合议庭依法履行审判职权、承担审判责任的必然要求。

审判责任制与民主价值、公正价值是相辅相成的。民主和公正是我国司法制度的基石,也是司法权运行的基本原则。那么,如何理解民主价值、公正价值呢？一方面,司法民主是现代法治的核心价值,也是现代司法的本质与目的性所在。另一方面,司法运行程序全面公开、司法信息公开等都有利于民主司法。合议制度通过民主集中、平等自主评议的方式体现民主价值。每个合议庭成员都是平等的,也都是独立自主的。自主平等是为了保证法官可以独立自主地表达对案件事实、法律适用的意见。同时,合议庭评议实行少数服从多数的原则,少数服从多数是体现民主价值的重要原则。在合议庭评议过程中,只有形成多数意见才能决定案件的最终判决,如果主审法官或审判长的意见是少数意见,他们也无权否决其他法官的裁判意见。

民主是公正的基础,民主价值是实现公正价值的前提。司法民主要求社会成员参与司法,合议制度作为司法民主的典型代表,以由职业法官和人民陪审员共同组成的合议庭为例,不仅可以充分发挥集体智慧,有效避免司法决策中的主观片面,还可以给予人民陪审员更多的参与感。法律是一种文化现象,即与价值有关的事实。合议制度最为突出的就是民主价值和公正价值。合议制度从诞生时起,就与司法民主化的历程紧密相关,民主价值是合议制度的主要价值追求。司法民主的核心在于社会成员的广泛参与。为此,从民主价值的精神出发,当司法权被作为一种公权力行使时,需要对其进行一定的分割,以防止权力被少数人滥用导致公正价值受到损害。合议制度作为对司法权分割的典型代表,是审判权力分享的一种基本方式。有人民陪审员参与的合议庭,不仅能够给予公民参与审判的权力,还可以对承办法官形成一定程度的制约,体现了审判机构对审判权的共享,以及对整个审判过程的参与程度。集体参与审判有助于维护审判的公正性和民主性,合议制度有助于提升审判活动的民主性,可见,合议制度所体现的不仅仅是某种象征意义的民主,更为重要的是通过这种民主形式实现对司法公正的维护和追求。既然合议制度和司法民主之间有着如此紧密的关联,那么具体到我国,应该倡导哪种司法民主的理念? 该民主理念又如何引导合议制度向前发展? 许多学者将司法民主定义为"参与司法"的权力,他们认为,"合议制度存在的基础是民主理念,共同协商集体决策"。协商式司法民主理念认为,合议制度的核心在于民主评议、集体决策。合议制度是一种工具性的决策机制,而非政治制度。合议制度民主的具体形式主要表现在多数表决制,合议庭成员争取达成一致意见,当无法形成统一意见时,按照民主集中制中的少数服从多数原则决定案件的最终裁判结果。合议制度与民主价值两者呈现双向依赖关系。一方面,民主理念是证成合议制度的一个重要理论依据和价值基础,甚至有学者将民主价值作为合议制度的首要价值,"合议制度的首要目的是实现司法民主价值",还有学者认为,推进和回归民主价值是合议制度改革的主要动因。另一方面,合议制度是实现司法民主理念的重要表现形式。司法民主理念在合议制度中主要体现为"集体参与决定案件基本事实、适用法律的司法过程"[①]。"从逻辑上来看,司法的民主化就体现为共同参与平等协商。"[②]有些学者认为,合议制度在行使的过程中,体现民主价值是很自然的表现,陪审制度所代表的"社会性"与"人民性"更能突显其民主价值。[③]

如果说司法公正是一种心态,那么审判权的合理分配则是司法公正的"硬件"保障。司法公正,包括程序公正和实体公正两部分。程序公正要求司法机关审理案件的每个程序在司法上都是公正的,所作出的裁决也是公正的。实体公正要求法官能够正确地认定案件事实,不因法官事实认定的偏差而导致法律适用错误。公正价值不仅要求法

[①] 陈光中,王迎龙.司法责任制若干问题之探讨[J].中国政法大学学报,2016(2):31-41,158-159.

[②] 苗炎.司法民主:完善人民陪审员制度的价值依归[J].法商研究,2015(1):121-128.

[③] 陈忠林.司法民主是司法公正的根本保证[J].法学杂志,2010(5):23-27.

律所规定的一般程序是公正的,而且在具体个案中所适用的程序也是公正的,以及法官在具体案件中作出的最终裁决也是公正的。在公正价值的引导下,法院架构的科层体系不以权威和高效为指引,案件审判更加强调程序价值,能够确保法院内审判权的合理分配。同时,审判权的合理分配又能促进公正价值的维护。作为司法制度重要组成部分的合议制度,其内含的公正价值与司法现代化改革的价值目标是一致的。一个科学合理的案件裁判要求法官具有丰富的社会经验和内心坚定的法律信仰。最高人民法院的司法解释规定,"合议庭对事实认定、法律适用、判决结果全面负责"。除都接受过专业的法律知识外,法官个人的认知能力和社会经历毕竟有限,作为普通人,难免可能在某种情形影响下,会不当行使审判权,甚至滥用审判权。一旦因为个体偏见引起案件事实的认定错误,无疑会导致司法公正价值受损。合议庭成员平等行使审判权,集体裁判案件,对可能出现的案件承办法官审判权的滥用和不当行使具有一定的制约作用,实质上体现了相互监督,防止案件承办法官强调个人意志,对抑制司法专横、遏制暗箱操作都起到一定程度的作用。人民陪审员作为社会关系的主体,来自社会各个领域,让他们参与案件事实的审判可以从多个视角分析案情,弥补法官个体的缺陷和不足。由此可知,人民陪审员参与案件事实审判在某种程度上有助于实现个案意义上的司法公正。与此同时,合议庭成员集体审判能够增强法官的办案责任心,彼此相互监督和制约,促进庭审的集中化,以确保法律的正确适用。众所周知,司法公正促进社会公正,司法不公影响社会公正。合议制度改革的主要目标是去行政化,排除各种外界因素的干扰,恢复制度本来的价值和功能。司法公正作为法治国家的基本原则,是由司法权的性质决定的,其核心内容是要求合议庭法官在司法裁判中只服从法律,不受来自司法外部因素的干扰。从尊重司法规律的视角来看,合理分配审判权是司法公正的必要前提。审判权如果得不到合理分配,会在不同程度上影响司法公正,一旦发生体制性和机制性干扰,公正价值难以得到真正维护。从某种程度上来说,合议庭审判权的合理分配是实现审判责任落实的重要前提。如果合议庭法官的审判权得不到合理分配,容易导致责任主体不明确,审判权责不明晰,案件审判责任制就无法得到落实。目前,法院系统现存的呈报审批制度和层级管理制度导致法官裁判责任不清,严重影响司法审判效率。院庭长、审委会权力过大,司法运行"审判分离"等问题较为突出,这些问题都直接影响审判责任的具体落实。因此,构建与完善审判责任制,必须以合理分配审判权为前提,实现"让审理者裁判"的价值目标。

合议庭制度将通过解决合议庭的内部问题,排除合议庭的外部干扰,从而使其真正意义上走向公正与民主的融合。合议制度的改革和完善并非一个孤立的技术问题,需要价值的理论指导。因此,科学认识合议制度的司法价值,需要树立坚定的价值信仰,只有在民主价值和公正价值的正确引导下对制度进行修补,合理配置审判权责,才能最终实现权责统一。

第二章　合议制度现存问题

　　司法实践中,我国现行合议庭运行机制有违审判工作自身的规律和特点,存在明显的缺陷和不足。通过对现有合议制度运行过程的现象考察,理论界和实务界将合议制度存在的问题归纳为过于注重效率价值、忽略民主价值和公正价值,审理和裁判分离,合议庭承担审判责任混乱。一方面,合议制度的执行附属法院的行政管理,最终案件决策权游离于合议主体之外。行政与司法合二为一,合议制度依赖政治制度,具有从属性和不完整性。司法实践中,合议庭审判权行使的不完整性和从属性地位仍然没有改变,重大疑难复杂案件依旧需要向法院党政领导或上级法院请示才能作出最后的处理决定。另一方面,责任落实不到位。对涉及合议制度的责任问题并没有详细对实施细则作出明确规定,导致合议制度难以发挥应有的作用。

一、合议庭审判权运行偏重效率价值

　　当前基层人民法院存在的主要矛盾是案件数量急剧增长与法院审判资源紧张及分配不均之间的矛盾。为了缓解这一"人案矛盾",提高审判效率,无论是在审判组织的选择上,还是在合议庭内部审判责任制改革的方向上,都趋向于将职责集中于少数主要负责人手中。组织机制浓重的行政化色彩将在一定程度上影响合议庭独立行使审判权。尽管制度上明确了合议庭、院庭长、审委会各自的权力边界,但在目前的司法体制下,对效率价值的强调已远远超过合议制度中的民主价值和公正价值。基于"审判—管理"的二元模式,行政与司法是两种天然不同的权力形态,司法权体现的是公平、正义的价值观,科层行政官僚制所体现的是效率优先的功利主义价值观。[①] 审判职能以公正为目标,行政管理以效率为目标。效率原则要求在有限的司法资源下实现资源配置的最优状态,以保证组织运作的高效和权威。随着越来越多的案件涌入法院,这种价值追求将有助于解决案件久拖不决的问题,但是也不应片面追求司法效率而忽略当事人的基本诉讼权利,一味地强调高结案率而忽视审判质量。[②]

（一）审判资源有限性与案件增长之间的矛盾

随着市场经济的发展,社会结构不断分化,社会矛盾纠纷大量以司法案件的形式涌入法院。[③] 人们诉讼观念的增强让民众更倾向于通过司法途径解决纠纷,从而导致诉讼率的不断提高。民主化、法治化的现代社会,通过诉讼解决纠纷是最为正规的途径。随着各类民事案件数量的日益增多,基层人民法院面临巨大的诉讼压力。由此,法院在社会生活中的定性也发生了转变,承担了越来越多的社会功能。

案件数量日益增长,司法资源严重匮乏,法官的办案压力与日俱增。日益增多的案件数量与有限诉讼资源之间的矛盾共同导致了"形合实独"的状况。原本应该合议的案件,最终由承办法官一人审判,一人负责,是"合议制度形式化"的重要表现。合议制度形式化问题是合议制度运行异化的关键,它使决策集思广益形式化,司法民主化的意义降低。司法实践中,基层人民法院法官的办案人数已经远不能满足实际需求。既存的合议制度运作机制严重影响了审判效率,案件积

---

① 王申.司法行政化管理与法官独立审判[J].法学,2010(6):33-39.
② 刘练军.司法效率的性质[J].浙江社会科学,2011(11):67-74.
③ 张文显.现代性与后现代性之间的中国司法——诉讼社会的中国法院[J].现代法学,2014(1):3-8.

压、超审限等问题影响了法院的司法公信力。最高人民法院对繁简分流问题进行改革试点,《民事诉讼法》在总结试点经验的基础之上进行修订,在立法程序上正式扩大了独任制度的适用范围,让合议制度与普通程序脱钩,独任制度也可以适用于普通程序。与此同时,合议制度适用范围的缩小也为长期以来的案件制度改革提供了契机,有利于真正落实合议庭独立行使审判权。从理论上分析,"审判权是司法权的核心,其实质是一种判断权"①。目前,对于缩小合议制度的适用范围,已经得到了司法改革顶层设计者的支持,理论界与审判实务部门已基本达成共识。合议制度要求多人参与决策,每一位成员都要发表意见,在协商过程中所耗用的时间比较长,加上院庭长审批和审委会讨论,咨询上级法院意见等层层决策,导致我国合议制度运行效率偏低。在这种形势下,合议庭成员"民主形式化"已成为应对诉讼压力和解决效率性问题的重要渠道,这是导致合议庭形式化的一个重要原因。员额制改革之后,进一步加剧了案多人少的矛盾。基层人民法院案件的积压导致除承办法官外的其他合议庭成员无法做到对每一个案子事必躬亲,只能各自负责自己承办的案件,在开庭时才对案件有初步了解,因此实际上还是承办法官在审理案件。从另一个视角看,合议形式化也是合议制度在案多人少压力下的一种顺变。

合议制度效率的有效提高基于合议庭审判的实质化落实。面对案件数量过多,司法资源紧张的司法现状,如果每个案件都按照合议程序进行审判,可能加剧合议制度的形式化。为缓解人案矛盾,我们需要对案件类型进行繁简分流改革。通过案件分流后对应的程序分类方式,合议制度在重大疑难复杂案件上尽可能地发挥制度优势。在一定程度上减少法官的工作量就能相应减少合议制度的案件数量,有利于真正落实合议制度。美国在 20 世纪 60 年代面对与日俱增的案件数量,提出设立与司法体制并行的替代制度,随后美国大部分州都

---

① 左卫民,吴卫军."形合实独"中国合议制度的困境与出路[J].法治与社会发展,2002(2):64-68.

设立了庭前程序分流措施。有效回归合议制度的民主价值和公正价值要建立案件类案和个案分流机制。在对案件进行繁简分流之后,司法机关才能将更多的审判资源集中在重大疑难复杂案件上,合议庭形式化、"形合实独"的问题也会在一定程度上得到缓解。

(二) 平等参与机制的缺失

作为一种社会构造,司法的权威来源于普遍的接受与认可,这种权威体现在司法实践中,公民对司法的期待与要求已经成为评判某个司法行为的标准和理由。换句话说,只有与当事人的诉讼预期相契合,才能有效回应社会的司法需求。在纠纷解决的过程中,当事人对裁判结果的认可在一定程度上也是对平等参与机制的认可。平等参与机制的缺失也是导致合议制度形式化的重要因素。[①]

第一,缺乏系统性规范。制度规范未起到机制保障作用,没有形成体系性的规范制度,是司法实践中合议制度虚化的重要原因,导致合议制度在操作层面难以落实。合议庭评议案件要求合议庭成员对案件的程序性事项和实体事实部分进行分析讨论、交换意见,并作出裁判。但现行《民事诉讼法》只规定合议庭对案件进行表决评议,并没有对具体事项详细地作出规定。

第二,合议庭审判权运行中的行政化管理模式,是影响合议庭功能发挥的主要原因。一方面,合议庭内部构造、人事管理方面呈现出行政化管理和附属关系;另一方面,合议庭裁判文书的审批、汇报等采用的是行政权的运作模式。制度设计不当不仅让合议制度的功能得不到发挥,制度本身也被破坏。

第三,合议庭组成形式固定化。目前各个法院基本实行的是固定合议庭制度。固定合议庭制度在一定程度上有利于遏制开庭前后更

---

① 顾培东.当代中国司法生态及其改善[J].法学研究,2016(2):23-41.

换合议庭成员的现象,贯彻落实直接言词原则,更有利于案件的客观公正裁判,但同时也会出现一些弊端:一方面,导致隐形权威的产生,滋生"和谐办案"现象。合议庭成员地位相互平等,彼此不存在行政上的上下级领导关系,但是长期固定的合议庭可能会导致某一成员成为合议庭的隐形权威,合议庭其他成员习惯于顺从权威者的意见,这种倾向会导致合议庭内部个别成员的意见代替整体意见。合议庭成员在审理案件过程中不提出与其他合议庭成员不同的意见,相互附和迁就其他人的意见。经过长期相处,彼此迁就会更明显。另一方面,增加"知己知彼"的各种弊端。客观公正地评议案件不需要知己知彼,而是要把注意力集中到案件本身,而不是案件之外的其他因素。彼此之间的了解容易引发策略性投票,不利于审判的公正。

第四,考核机制不完善。现有的考核机制,承办案件的数量和质效与升迁、奖惩等直接相关,但与合议庭的关系并不大,真正关心案件、承担责任的始终是承办法官。长此以往,为"形合实独"的局面提供了制度空间与生存土壤。合议制度虚化与司法行政化紧密相关,现行的绩效考评机制削减了法官的积极性。考核围绕审判长和承办法官设计,这样的考核机制不仅加剧了合议庭内部的矛盾,所有成员都以考核指标为目的,对案件的客观公正质效、成员的参与性等都非常不合理。一方面,法官怕承担过多责任,将一些疑难案件的审判权向院庭长或者审委会转移;另一方面,法官只关注自己承办的案件,对其他成员承办的案件只是走形式,合议庭团队的办案优势没有得到发挥。

(三)合议庭成员职业化水平参差不齐

合议庭成员的职业化水平主要体现在两个方面:一是权力意识,二是业务能力。一方面,人民陪审员的权力意识不强。我国传统社会的组织结构、文化取向和法律价值取向等限制了人们的权力意识。虽然我国法律规定人民陪审员和职业法官拥有相同的评议案件、作出裁判的权力,但人民陪审员权力意识不强,没有真正行使案件的审判权,达成合议。另一方面,法官的能力与经验直接关系到审判权分割中"话语权"的大小。陪审员在合议庭中提出的意见,更大程度上取决于常识,合议庭的最终审判取决于广义理解的命令链上的其他人。

以往的法官职业队伍,包含着一些退伍军人和非法学专业的人。近几年,法官遴选制度的改革等使得法官职业化队伍不断扩大。尽管如此,基层人民法院面对众多民事案件,法官独立审判的能力有限,案件上诉到二审、再审,大大降低了法院的办案效率,也损害了司法公信力。在混合合议制度中,人民陪审员与职业法官共同分享事实认定权与法律适用权,但人民陪审员由于受到专业能力限制,加上审阅案件时间较短,在实际庭审中很少提出自己的意见,参与到案件的讨论中。合议是为避免个人以偏概全的缺陷,所以在审理一些特殊案件时,最好能够吸收相关领域有专业知识的法官或人民陪审员参与审判。基层人民法院人案矛盾突出,虽然人民陪审员队伍不断壮大,但绝大多数陪审员,在案件审理中作用有限,加上缺乏合理的考核选任机制,导致人民陪审员整体素质并没有得到明显改善,合议时大都只发表一些结论性的意见。另外,传统文化强调群体和谐,不重视个体意见的表达。这种价值取向在合议庭成员审理案件时产生了重要影响。合议庭成员对案件的熟悉程度不同,在讨论案件时拥有的话语权不同。对案件深入了解的法官,会成为主要的发言人。我国的民事合议庭在司法实践中往往比较固定,一般情况下,除非存在原则性的分歧,否则彼此之间不想因为意见不统一而产生严重分歧影响关系。受"以和为贵"的传统思想的影响,合议庭成员通常不会辩驳或者发表建设性意见,往往默契地达成一致意见,合议过程走向形式化。

职业合议制度中,以承办法官为中心的个人化决策还加剧了司法专横。庭审前,由承办法官完成准备工作;庭审过程中,由承办法官主导庭审;庭审后,由承办法官制作案件的裁判文书。基于在案件情况信息上的优势,承办法官无形中比其他法官拥有更多的发言权。混合合议制度中,陪审员由于法律知识匮乏,在案件审理中的作用有限。"形合实独"的现象主要表现在案件评议阶段。案件审判过程中的非实质性参与在一定程度上会对案件的评议产生影响,使决策能够集思广益的制度设计初衷并没有得到实现,司法民主化不可避免地走向形式化。

二、组织制度架构偏离司法逻辑

组织、制度一旦建立就有其自身的运作逻辑,它们既共同支配着组织与制度变迁的过程,又塑造着其相应的行为方式。① 本部分拟对我国审判权运行过程中的行政化问题作出考察。司法行政化是指将法官的司法判断过程通过行政指令与服从的方式加以格式化。"谁控制了法官的生存,谁就能掌握法官的意志。"②合议庭法官对于院庭长和审委会的干预,一方面心理上有抵触,另一方面在避免责任风险时又会屈服和接受。传统官僚化的行政化等级意识化身一种制度化存在。合议制度是法院行使审判权的基本组织形式,合议制度的运行效果是法院司法审判能力的直接体现。但在司法实践中,合议制度落实不到位是因为制度本身的问题、运行机制的问题,还是组织模式的问题,需要深层次研究,而不是简单粗暴地否定整个合议制度。

(一) 法院组织构造科层化

法官在司法裁判的过程中按照行政权的运行方式行使审判权。③

---

① 周雪光,艾云.多重逻辑下的制度变迁:一个分析框架[J].中国社会科学,2010(4):132-150,223.

② 顾培东.当代中国司法生态及其改善[J].法学研究,2016(2):23-41.

③ 张卫平.司法改革:分析与展开[M].北京:法律出版社,2003:22-30.

在这种由院庭长、审委会委员、审判长所构成的行政审批结构中,普通法官作为审判组织中的最底层人员,很难真正独立地行使审判权,即使参与合议庭的审判,也无法同审判长一样拥有平等的审理权,也很难平等地行使表决权。一直以来,由于对司法权的内在规律缺乏深入研究,合议制度也仅被理解为审判权的一种程式化表达。法院规模与内部治理的"内卷化",以"增加法官人数"来应对"日益增长的案件数量",并不能从根本上解决司法矛盾,反而带来了一系列的问题。司法实践中裁判主体之间难以形成平等分享意见的效果,同案不同判的问题十分严重,裁判标准没有统一,只能通过集体领导的方式修复。法官被要求统一管理,内部构建层级化,意见需要经高一级法官的指导批示后才核准,内部效率降低,积案增多,只能进一步增加法官数量,由此形成了结构化再生产的恶性循环,长此以往引起内卷化。

职业等级差异又引起阶层多元化。[1] 法院组织有别于行政组织的科层化,在组织结构和职能行使上体现出更多司法权的判断属性。[2] 制度改革的方向取决于参与其中的多重制度逻辑及其相互作用。[3] 不同的制度逻辑将共同作用于法院组织结构、组织行为的调整。推进扁平化管理,减少管理层级,有助于提高审判权的运行效率,满足审判权独立行使的要求。我国法院内部机构的设置以及审判权运行都呈现出浓厚的行政化色彩。实践中,行政管理取代合议制度成为审判运行机制的核心,层层消解了合议庭的案件裁判权,让合议制度只能流于形式。

我国法院内部结构的形成,有着特定的历史和政治背景。与行政机关一样,法院实行的也是科层化管理体制。在这种政治语境下,无

---

① 孙立平,王汉生,王思斌,等.改革以来中国社会结构的变迁[J].中国社会科学,1994(2):47-63.

② 李路路.改革开放 40 年中国社会阶层结构的变迁[J].武汉大学学报(哲学社会科学版),2019(1):168-176.

③ 周雪光,艾云.多重逻辑下的制度变迁:一个分析框架[J].中国社会科学,2010(4):132-150,223.

论是科层化还是官僚化,都与行政化有着相同的含义。在整个社会的官僚化结构没有改变的情形下,法院很难"独善其身"。就我国当前的法院系统来说,无论是法院内部人员的职级,还是上下级法院间的关系,都带有明显的行政化等级差异。在这种等级位阶之下,权力的大小往往决定着权威的高低。因此,在人民法院内部,普通法官要服从院庭长等有行政级别的法官,下级法院要服从上级法院。从我国宪法和相关的法律文本来看,法院属于最具代表性的司法机关。基于法院履行司法裁判的职责这一前提,法院内部结构设计应确保"审判权的独立行使"。审判权这一抽象权力的行使离不开法官,而审判权的意义在于确保案件公正审判。因此,确保审判权的正当行使,就能转换为保障法官公正审判的问题。不同法系、不同国家审判权的主要差别在于,究竟应赋予司法权什么样的地位、法官角色和职务保障。虽然英美法系和大陆法系国家法官的地位与作用有所差异,但在宪政与法治的背景下,司法权的独立行使早已得到我国宪法及其政治层面的保障。尽管我国宪法和法律针对司法权的独立行使进行了规定,但是在具体构建的问题上,法院内部构造与政府机构的科层化结构并不存在本质区别。现如今,不论是各级人民法院的职务序列还是级别序列,都存在明显的科层化。不容置疑,作为一种高度"格式化"的组织结构,科层化具有高效性和专业化的优点。然而,基于司法以及法官角色的特殊性,这种"命令—服从"的方式终究会影响审判权的正常运转。

(二) 组织管理体系官僚化

在法院内部确立的院长、副院长、庭长、副庭长、审判员的等级框架中,每个法官都被纳入一种"命令—服从"体系之中,上下级法官之间的监督关系也异化为一种行政上的领导关系,纵向上形成一个等级分明的金字塔形科层结构,而在横向内部,又存在若干个类似的由审判长负责的合议庭小型管理单元。①

　　合议制度中，合议庭是审判权主体，审判权属于司法权的一种，需要遵循司法规律。当审判权作为判断权行使时，其基本属性要求审判主体依法独立行使。合议庭内部法官与司法辅助人员管理分列，身处不同的法律角色，也不是行政上的领导关系。面对内部、外部复杂的环境与条件，加上繁重的审判任务，审判中存在行政司法、权力司法的现象，行政化造成了法院内部"审判分离"的现状，加之院庭长与审委会对案件缺乏"亲历性"，行政权力过大，极易滋生司法腐败；院庭长与地方之间的关系交错，也容易受到各种外在因素的干扰。审判主体在分享合议庭审判权的同时，减少了合议庭的责任和压力，但也干扰了合议庭独立审判，导致错案责任难以追究。合议制度改革不是单纯的审判组织问题，从组织构造层面上，它涉及法院的审判管理制度和法官的职业保障等。这些制度上的问题都不利于审判权的正当行使，也导致了合议制度很难真正实现其价值。

　　一直以来，立法对合议庭的定位较为模糊，对合议庭在审判组织中的地位及权力并没有给出明确的规定。司法实践中，合议庭并没有真正发挥作用，导致"形合实独"的现象更加严重。合议庭与审判庭的关系、合议庭与院庭长的关系、合议庭与审委会的关系在立法上没有明确的规定，从而引发实践中的混乱。司法实践中，合议庭属于审判庭下设的机构。在司法体系与审判组织科层化特征突出的情况下，在"审判庭—审判人员"的关系中，由于固定合议庭、固定审判长对于合议庭这一组织形式的强化，合议庭被理所当然地定位于审判庭之下，审判人员之上。合议庭属于临时性组织。在法院的内部结构中，审判庭属于相对固定的内设部门，这是根据行政管理作出的划分。实际上，合议庭是案件在适用合议制度审判方式时才会存在的载体，当案件不需要合议时，制度载体也就不存在了。因此，合议庭是根据案件

---

① 陈杭平.论中国法院的"合一制"——历史、实践和理论［J］.法制与社会发展，2011(6)：57-68.

审理的形式产生的临时组织。在动态运行时,审判庭的正副庭长干预合议庭审判权的行使,但实际上并不是组织上的隶属关系,而是庭长管理权、监督权异化行使的结果。

与审判权相比,审判管理权更接近于一种行政管理权。审判管理权和审判权在性质、地位、作用上存在差异。理论上,审判管理权的定位在于为审判权服务,它只限于对合议庭审理案件的流程和人员配置等进行监管,并不能直接干涉合议庭独立行使审判权。尽管这两种权力同时处于审判系统中,但两者的运行逻辑和权力属性有本质区别。第一,审判权的行使强调独立性。审判人员行使审判权必须全程参与,同时排除其他任何组织和个人的非法干涉。然而,审判管理权的行使更多趋向命令服从的科层模式。第二,这两种权力在价值目标的追求上也存在差异。审判权追求的价值目标是公正,效率并不是其所追求的首要目标。效率是行政管理所追求的价值目标,审判管理的目的主要是保障审判权的有序高效运行。

(三) 合议庭审判权行使缺乏独立性

法院组织结构受等级化的影响,呈现出与行政机关高度的相似性。[①] 这一特性主要表现为法院内部层级化的管理体系,从正副院长、正副庭长到审判员,各个层级的权力依次递减,依靠立案、审判和执行等步骤的划分控制整个诉讼流程,让科层制结构下的审判权运行始终受制于行政化管理,自上而下形成一个以"命令—服从"为特征的科层模式。[②] 审判权运行方式可以简单概括为独立型和管理型两种。两种审判权运作方式都存在各自不同的利弊。结合我国目前的司法实践情况,独立型运行方式给裁判主体造成的审判压力较大,但能保障审判权的独立行使;管理型审判权运行方式更能抵御外界干扰,维护司

---

① 左卫民.中国法院院长角色的实证研究[J].中国法学,2014(1):5-25.
② 顾培东.当代中国司法生态及其改善[J].法学研究,2016(2):23-41.

法公正,同时也带来了管理上的行政化问题。至于哪种运行方式更优,取决于政治体制、社会经济发展水平、权力运行结构等多种因素。不同于西方国家立法、行政、司法三者相互制衡,在我国古代,司法与行政是合二为一的,查案、审案、判决和执法都由行政官员全部完成。虽然我国现行的一府两院各司其职,但在实践中,法院的财政等都归地方政府统一管理,法院作为一个审判机构,在一府两院中处于弱势地位,很难有效保障司法权的独立行使。地方类的案件,各方利益互相缠绕。法官作为个体,在这错综复杂的社会关系中,也难以抵制外界的干扰,独立公正审判。影响审判权独立行使的因素主要包括以下几个方面。

第一,合议庭的决策方式受法院行政管理制度的影响。如果合议庭成员之间意见不一致,案件审判将进入法院内部具备行政属性的审判管理体系,增加院庭长、审委会的工作量。因此,如果合议庭存在太多意见分歧,可能导致法院的行政领导对合议庭形成审理能力有限的印象,最终可能影响到合议庭成员未来的各种权益。正是这一因素的牵制,促使合议庭法官通常都会努力地形成一致意见。我国法院目前实行的是四级两审制的审级制度。法律明文规定各个法院独立审判,上下级法院之间是监督和被监督的关系,区别于其他行政单位上下级之间的领导与被领导的关系。但司法实践中,当遇到疑难复杂案件时,下级法院通常请示汇报上级法院,这种办案惯例,并不是真正意义上的独立审判,也影响了二审和再审的实质效果。在法院内部,这种行政等级从合议庭、院庭长到审委会也是层层分级,合议庭难以发挥独立的裁判职能。在社会的纵向关系层面,上级权力的行使也缺乏制度性的有效限制。

第二,合议庭独立行使审判权受审委会制度的制约。审委会制度和合议庭审判一样,实行民主集中制原则,在处理重大疑难案件、统一司法裁判结果、发挥集体智慧、提升审判质效、总结案件审判经验等方面都发挥了重要作用,但在司法实践中,审委会制度对合议庭独立行使审判权的干预非常明显。虽然审委会没有直接参与法庭庭审,但出于对案件质量与结果的严格把关的原则,审委会制度在某些案件的裁判上不可避免地会带来一些不利于合议庭独立行使审判权的问题。在审委会与合议庭的关系结构中,审委会的职能处于核心地位。在我国,重大疑难复杂案件通常由审委会作出最终裁决。然而,审委会的这一权力并非属于审判权,审委会也并非法理意义上的审判组织。从职责上讲,审委会并不负责具体案件的审理,大部分情况下,只依据合议庭对案件事实具体情况的了解决定重大疑难复杂案件的法律适用。审委会实行秘密审判制度,一般不对外公开。审委会的案件讨论过程不适用直接言词原则、回避制度、辩论原则、评议制度等。而且,从责任承担上来说,审委会并不能直接承担案件裁判责任。因为从严格意义上来说,只有审理案件的裁判主体才享有法定的审判权,然而审委会判而不审,审判分离的运作模式破坏了审判权的完整性。从这个意义上而言,它并不符合审判权的特征。

法院的主要工作是负责对案件进行裁判,这就决定了审判权居于主导核心地位,而审判管理权处于辅助地位。审判权的运行以实现裁判公正为价值目标,而审判管理权主要是以保障审判权的有序运行为目标。正因性质和地位的不同,在法理上,两者应发挥不同的作用。审判管理权不能随意介入审判权,不能直接改变或者干预合议庭对程序和实体事项的裁决。一般情况下,只有在法官违反诉讼程序或者存在明显违法行为造成严重后果时,审判管理制度才会发挥作用。

三、合议庭权力配置与责任承担不平衡

长期以来,合议庭与审判委员会之间的权力边界、与院庭长在责任分配上的规定并不明确。裁判过程中的审判分离、权责不对等等问题,违反了审判权独立行使的原则。司法实践中,不只是合议庭有权审判案件,院庭长和审委会都有权参与案件的审理和裁判。院庭长具有法律规定的审判监督权,审委会具有对重大疑难复杂案件的讨论决策权,合议庭具有法律明确规定的审判权。同时,这些主体构成一种上令下从的层级结构,彼此之间存在明确的从属关系。一个案件往往需要经过多个主体和层级的复合评价,才能形成最终的裁判意见。①可见,对于某一案件而言,院庭长是否存在介入合议庭审判的行为并不确定,案件在法院内部究竟经历什么样的审理程序也不明确。法院内部的审判责任模糊不清,导致各行为主体既不需要对审判的过程负责,也不需要对案件的裁判结果负责。因此,法院内部各主体权责不清、权力边界模糊导致的审判权运行失序才是我国法院审判权运行过程中存在的主要问题。解决这些问题,重新配置各主体的权力,将权力重心下移至合议庭至关重要。

(一) 机构职能交叉重叠

法院内部职权的设置存在内设职能部门的减少与法官工作职责之间难以协调、内部分权制约与行政管理机制相矛盾等诸多问题。影响法院职权配置的原因主要有以下几个方面:一是法官权力有限,受制约较多。法院的根本架构受法官权力大小的影响,如果法官能自主决定案件结果,那么法官就能更多地发挥自由裁判权。二是合议庭的权力设置。合议庭一般由三人或三人以上组成,权力设置对于合议庭的影响很大。因此,如何将其控制在一定的限度范围之内而又能充分发挥其制度优势,需要找到一个重要的平衡点。

第一,合议制度内部权力失衡。对承办人负责制、群体决策机制下合议庭内部权力失衡情况进行分析,是合议庭改革责任归属问题的重要环节。一是合议制度被承办人责任制度取代。法院内部对审判

---

① 顾培东.人民法院内部审判运行机制的构建[J].法学研究,2011(4):3-20.

的责任并不是按合议庭分配,而是按人分配,将责任落实到个人。二是群体决策机制失灵。一方面,决策的目的并不明确。评议过程中对哪些内容应为最终判决结论的表决事项较为模糊,决策目标并不明确。另一方面,团队意识过于强化,职业群体流动性小。我国传统文化倡导"以和为贵",因此各抒己见、意见争执的情况很少。况且,合议庭实行少数服从多数的原则是为了解决多数人在行动上如何保持一致的问题。多数人参与决策作为一种共同趋向的选择。少数服从多数,并不意味着少数人不能发表意见,只能服从多数人的意见,只是要求少数人的行为在整体上与多数人达成统一,不是意见上的统一,而是行动上的统一。由此可见,少数服从多数的民主原则其价值取向是十分合理的,但合理不直接等同于正确。选择的方案是否正确,在决策之初无法简单作出价值判断,只能在司法实践中得到检验和证明。但考虑到个人理性的有限性,合议庭审判可以采用少数服从多数的原则进行矫正,让决策不断完善,接近正确。即使存在部分失误,也容易得到及时的纠正。

第二,独任制度与合议制度适用与转换中权力配置失衡。司法实践中,由简易程序转换为普通程序的案件容易导致合议庭成员在获取案件信息上的不平等,违背了民事诉讼法关于合议庭成员平等参与、共同裁判的规定。另外,对于承办法官为拖延时间而将简单案件转化为普通程序的情形,案件管理流程也没有合适的规定。从现实角度来看,当事人的审判组织异议权更多的是象征意义,根本达不到对抗审判权随意主导的效果,行使方式也不是按照司法程序进行的。当法官作为单独主体被授权裁判时,案件裁判的全部责任都由他负责。合议庭由多名法官组成,裁判通过多人协商作出,裁判权威因为在多名法官之间分割,自然地削弱了每位法官的责任感,判决需要全体一致,为合议庭成员提供了一道制度设定屏障,减轻了各自的责任。

（二）审判追责程序模糊

《最高人民法院关于完善人民法院司法责任制的若干意见》（以下简称《司法责任制意见》）第34—36条对法官违法审判责任的追究程序作出了规定。虽然《人民法院审判人员违法审判责任追究办法》规定了审判人员相关的违法审判所应当承担的责任，但是这个规定处于试行阶段，而且有的规定在实践中无法操作。裁判由谁作出？这是案件审理负责制必须面对的问题。传统案件审理模式因审批流程繁杂且违反亲历性原则、直接言词原则等，遭到法学界的一致批评。事实上，以法官员额制改革为核心的司法职业化形成以前，法院内部对裁判审批的严格把关具有制度上的合理性：一是有利于限缩法官的自由裁量权。二是有利于法院形成相对统一的裁判尺度。三是有利于发挥院庭长积累多年的审判经验优势。四是可以防止外界对司法裁判的不当干涉等。但是这种内部层层审批的审理模式也有自身难以克服的缺陷：一是最后作出裁判的人或许不是当时开庭审理案件的人，审判分离的模式疏远了裁判者和当事人之间的距离，弱化了裁判者对庭审的真实感受，也影响了裁判过程的可接受性。二是高度政治化的审批模式分散了案件审理者与各个阶段的责任，造成彼此之间互相推诿，最后无人对裁判的质量承担责任，严重影响裁判的质效。三是层层审批把关事实上削弱了开庭审理在评判事实上的关键作用，造成庭审虚化。四是内部层层审批的环节太多给权力滥用留下了制度空间。

在传统审判模式中，审判管理权与审判权的边界模糊，院庭长的审判管理权通常高于法官的审判权，有时候甚至替代了审判权，不仅违背了审判权、审判管理权、审判监督权配置中"以审判权为核心"的基本原则，造成"判审分离、权责不清"的现象，还引发了人们对审判管理权的否认和排斥。在如何正确认识法官责任的问题上，学界、法官群体与社会公众存在较大的差距。从法律职业共同体的视角来看，法官需要对以往已经发生的客观事实作出判断,如果因证据的关联性问题导致无法证实客观事实,而法官基于职业伦理又不可以直接拒绝裁判案件,还要让法官直接承担严格的错案责任,那么法官只能通过提交审委会讨论等方式替代单独公正裁判,这样也就难以实现司法公正。从社会公众的视角来说,法官代表国家独立行使审判权,应当承担严格的错案责任。但事实是,在诉讼环节,根据证据裁判原则,法官只能依赖证据开展对案件事实的认定。但双方当事人递交的证据并不总是能清晰地反映案件事实真相,更何况也并不是控辩双方所递交的全部证据都可以作为定案依据。法官作为案件事实的裁判者,在诉讼纠纷中充当解决纠纷的角色。因此,不管案件事实是否清晰,裁判者都必须在有效诉讼期限内,给出相应的处理意见。这种裁判机制决定了法官裁判结果正确与否的相对性。一方面,法官需要在限定的时间范围内对事实和证据可能存在缺陷的案件完成审判,裁判的准确性在一定程度上受到诉讼期限的影响;另一方面,法官不能以案件事实模糊不清为理由拒绝作出裁判,法官在当时有限的证据资料和诉讼条件下作出裁判,除某些特殊情况外,无论事后其判断是否正确,都不具备追究责任的正当性。因而,对于法官审理权力的归责,不可以单从裁判结论正确或不正确进行简单评定。事实上,法官在司法实践中作出的裁判也难以用正确与否进行简单认定。法律赋予法官在审判中的自由裁量权,应当接受裁判可能出现的"多个正确解",即使对于同案不同判的情形也要在一定范围内给予宽容,而不能只是简单片面地理解裁判结果的准确性,这样才能实现具体案件具体审理,确保个案的公平正义。

(三)审判责任的负担形式不明确

审判责任分担直接影响着合议庭成员对合议庭实质性工作的承担,根据权责统一原则,只有平等分担审判责任才能确保合议庭分工

上的平等地位,调动成员的积极性,促进每一位成员都能实质性地平
等参与,真正提升合议质量和审判效率,从而从根本上破除"合而不
议""陪而不审"等合议制度消解的现象。对外而言,合议庭以一个整
体的形式承担审判责任;对内而言,合议庭里的每位成员承担相同的
审判责任。与独任审判相比,合议庭成员并不因为合议庭集体承担而
减少了法官个体自身的审判责任,合议庭个别法官自身的行为责任还
是应该自己承担。

　　我国目前存在结果责任模式、过程责任模式和职业伦理责任模式
三种责任模式。结果责任模式是根据案件裁判结果对法官进行追责;
过程责任模式主要是根据法官裁判过程中的严重违法行为实行追责;
职业伦理责任模式因法官违反职业伦理责任而被追责。在我国司法
实践中,对于前两种责任模式的使用较多,对第三种责任的使用较少。
然而,目前这三种责任模式都存在各自的弊端,并没有起到较好的追
责效果。过程责任模式过于强调审判行为本身的实施,虽然在追责时
考虑到了审判行为本身,不单纯凭结果定责,但有时候违背了惩罚的
必要性原则,法官因防止其审判行为出现追责,选择最大限度规避责
任,或者直接不作为,不利于法官审判积极性的发挥。结果责任模式
直接加剧了审判的行政化。以结果定责任的模式,在错案追责过程
中,可以实现追责效率的最大化,但缺乏客观的评价机制,过于武断。
"结果责任是行政化的产物"[①],科层制是结果责任模式产生的制度化
成因。在结果责任模式下,考虑到会因对案件事实的错误判断或者法
律适用错误而被追责,为了规避担责,合议庭尽可能地将对案件裁判
结果的最终决定权转交给院庭长和审委会。然而,这并不符合司法审
判的规律。

　　结果责任模式遵循科层化的生成逻辑,顺应了司法行政化的要
求,在一定程度上提高了审判质量,实现了对社会舆论压力的回应。

---

　　①　蔡彦敏.断裂与修正:我国民事审判组织之嬗变[J].政法论坛,2014(2):38-49.

然而,结果责任模式不利于审判独立、实现司法公正。结果责任模式以二审发回重审以及审委会的决定为裁判正误的依据,在此种模式下,即使合议庭法官并不存在违法行为,也可能被追究责任。从实质上分析,结果责任模式可能针对法官的主观认知而进行追责,因此,势必导致法官在审判案件时会因诸多顾忌而引发心理上的恐慌。一些法官可能为了降低被认定为错案的风险,主动请求院庭长、审委会介入指导,从而丧失了裁判的独立性。这种审判事实上的垂直领导关系使得审判权运行与审判规律和诉讼制度发生偏离,并且带来了更为严重的司法行政化问题。而且,推行结果责任模式在短时期内缓解了法院的审判压力,却可能引发由裁决不公正导致的后期社会矛盾维稳成本的上涨,并没有达到真正追求效率的目标。过程责任模式影响审判权的独立行使。依据司法解释,被追究过程责任的法官必须存在故意或者过失。然而,如果严格实行过程责任模式,法官为了避免被追究责任可能机械办案,不利于调动法官的审判积极性。职业伦理责任模式让法官更容易失去裁判的独立性。在职业伦理责任模式下,法官的处境并未发生实质性转变,相反,无论是法院还是法官都承受着比之前更大的责任和压力。

司法实践中,合议庭法官因为办案质量被追责的情形并不常见。过程责任模式将审判责任与程序违法联系在一起,导致合议庭法官尽可能地依赖上级行政领导的意旨办案,丧失了其审判行为本身的自主性。而结果责任模式在附加"严重后果"的条件之后,实际的追责就更少了。目前,较为推崇的职业伦理责任模式也存在较大阻力,其影响因素主要有:一方面,法院去行政化尚未实现。在法院内部设有正副院长、正副庭长等等级职位,尽管有着相应的职务序列,但法官依旧存在明显的行政级别。合议庭审判案件仍然受到行政等级化管理的限制,考核与追责都由行政领导调查、决定,实现法官责任追究的自主化改革受限。另一方面,法院去地方化尚未完全实现。虽然改革了地方法院系统人、财、物的省级统筹,但去行政化的改革目标并没有完全实现。这种人事处理权也在一定程度上影响了各级地方法院独立自主地行使司法审判权。上一级的指令层层往下传至庭长，再由庭长传递给合议庭，最后落到每个审理案件的法官身上。此外，庭长主导法官审判责任的追究模式导致审判权力的运行依旧呈现高度集中的行政化特点，这实质上是行政管理责任模式与法官职业伦理责任模式间的一种博弈。当前，法官惩戒委员会只设置在省一级，且内部工作人员较少、程序规章并不完善，难以单独完成调查和惩戒法官的任务，最后还是要借助法院内部行政管理来实施，而这种行政层级管理又反过来消减职业伦理责任模式的改革效果。

尽管《司法责任制意见》规定实行分别追责，但实际上将法官的审判责任进行区分之后交给不同的部门分别处理是很难实现的。法官的纪律责任、道德责任通常与其审判职责、审判业务紧密相关，那么司法责任究竟是由法官惩戒委员会定责还是由法院内部纪检监察机关定责？尽管《司法责任制意见》规定应当由法官惩戒委员会负责，但司法实践中，法院内部的纪检监察机关却不一定会将法官惩办案件全部报送到省一级的法官惩戒委员会。这就意味着对于法官的违法惩戒最终决定权仍然停留在法院内部。与此同时，上级人民法院对下级人民法院监督权的异化也在一定范围内消解合议的正当程序，同时"催促"民事合议庭裁判权的向上转移。

第三章　组织与环境:合议制度价值功能偏离之场域考察

　　制度的演变可以视为制度及其环境相互作用的过程。[①] 法律制度、社会规范、文化观念等社会事实都可以影响组织的实际运作。[②] 这种环境涉及政治体制、经济制度、社会结构和文化观念等各种因素,也对组织目标、组织结构等产生重大影响。[③] 组织生存的基础是组织形式和环境特征之间的相容性。[④] 现有研究不仅发现组织与环境之间展现出的不同类型的互动关系,还将视野从组织内部扩展到组织更大的生存空间,为组织研究提供了不同的分析视角和理论资源。[⑤] 对于组织来说,环境不仅是政治、经济和文化等外部客观环境,还将指向组织运作的具体场域。[⑥] 通过对目前我国合议制度运行状况的考察,整体上可以初步得出这样的结论:合议制度的价值和功能在司法实践中出现偏离,承办人制度等非正式制度实际规定了合议庭的运作,合议制度的群体决策优势没有得到体现。绝大多数案件可以独任审理而不需要通过合议庭集体审判,表明合议庭其他成员并没有充分发挥作用,承办人的意见在合议群体中分量较大,造成司法实践与立法相反

---

　　① 周雪光.西方社会学关于中国组织与制度变迁研究状况述评[J].社会学研究,1999(4):28-45.

　　② 于显洋.组织社会学[M].北京:中国人民大学出版社,2016:8.

　　③ 于显洋.组织社会学[M].北京:中国人民大学出版社,2016:63.

　　④ 费显政.资源依赖学派之组织与环境关系理论评介[J].武汉大学学报(哲学社会科学版),2005(4):451-455.

　　⑤ 陈淑伟.开放系统组织研究的历史与理论[J].山东社会科学,2007(3):146-149.

　　⑥ Scott W R, Davis G F. Organizations and Organizing: Rational, Natural and Open Systems Perspectives[M]. New York:Routledge,2015:103.

的情况。合议制度被变通适用，合议庭平等参与、独立行使审判权的制度设计变通为承办人主导，合议庭成员"陪审"，院庭长、审委会干预的实际运行机制。合议制度功能被限制适用，合议庭审理权被分割，裁判权被分享。

一、组织制度环境

当一个组织实现制度化时，它所处的法律制度、文化期待、社会规范、观念制度等社会事实，共同构成了组织的制度环境。[①] 一般而言，这种制度框架不仅包括正式形成的正规制度，还体现为非正式组织的约束。[②] 对于合议制度而言，审判职能更多地受制于正式的制度规范，而附带的管理职能则更多地受制于非正式制度的规范。作为一个开放系统，组织总是内嵌在一个更大的系统中，环境构成了组织演进的外在动力。一方面，组织与其赖以生存的环境相适应，借助整合的力量推动自身的发展，使演进得以深化；另一方面，当组织发展到一定时期，这种与环境的相互整合又对组织的进一步演化形成阻碍。[③] 任何制度都是在特定环境下运行的，制度在很大程度上也影响着环境。在制度环境的演进背景下，更能理解合议制度的发展脉络，也能更好地把握住改革的方向。本书强调的合议制度中的司法制度主要包括法院内置职权设置、司法行政化、合议庭内部的权力责任关系等。程序规则的不完善导致合议制度运行机制偏离了合理运行的轨道。理论界与实务界讨论研究滞后以及信息不对等，对合议制度运行扭曲也产

①　周雪光.组织社会学十讲[M].北京：社会科学文献出版社，2003：72.
②　王利平，葛建华.组织理论的整合框架研究——从多视角到一体化[J].经济理论与经济管理，2009（5）：68-74.
③　Pfeffer J，Salancik G R. The External Control of Organizations：A Resource Dependence Perspective[M]. Stanford：Stanford University Press，2003：222.

生了重要影响。

（一）合议制度演进的外在动力

相对于一般外部环境,司法实践通常发生在具体场域之中,并由场域限定实践的范围、内容和方式。[①] 它们具有自身特有的逻辑和必然性。[②] 在司法场域中,法院组织必然要受到其特定逻辑的塑造,一种是司法运作的内在逻辑,另一种是特定的权力关系。[③]

第一,历史根源。我国的司法制度很大一部分都是在借鉴移植西方法律制度和理念的基础上推进的。脱离了我国特定的社会环境和文化环境的移植过来的法律很难在司法实践中产生良好的效果。部分改革措施难以被社会认同,不仅没有取得预期的效果,还引发了一系列新的问题。因此,只有客观承认改革建立在我国行政管理体制的特有环境基础之上,司法制度改革才能焕发内在的生命力。司法权作为一种国家权力,在国家权力管理体系中占据非常重要的地位。国家权力机关的组织架构,决定了司法机关的设置及其职权安排。法律作为司法机关开展司法活动的重要依据,是我国统治阶级意志的重要表达方式。政治给司法带来了权力来源,奠定了组织基础,确定了司法依据,司法不能摆脱政治而独立运行,其作用主要是为掌握国家政权的统治阶级的利益服务。从世界各国的司法制度看,政治属性是司法的基本属性,司法的功能由政治属性决定。这就要求司法在处理纠纷时,需要考虑我国社会的特有制度运行环境,不能简单地根据西方法律中的"权利""义务"等概念来评价当事人之间的法律关系。

---

① 布迪厄,华康德.实践与反思:反思社会学导引[M].李猛,李康,译.北京:中央编译出版社,2004:144.

② 布迪厄,华康德.实践与反思:反思社会学导引[M].李猛,李康,译.北京:中央编译出版社,2004:133-156.

③ 布迪厄.法律的力量——迈向司法场域的社会学[J].强世功,译.北大法律评论,1999(2):496-545.

近代以来随着国家的发展,社会内生力量和外生力量的推动和催化,我国的社会环境发生了很大变化。虽然社会一直处于变化发展之中,但民众仍然依赖传统民间程序的内部方式解决纠纷。市场经济的导向和民主政治的发展,集体、单位呈弱化趋势,自我的主体性开始逐渐呈现,大家族、村庄的观念进一步消除,民俗权威开始趋向多元化;基层政府部门对农村的管理功能在减弱,社会发展自治组织的调控功能还在重建,民众在日常生产、生活中遇到纠纷、矛盾等自身解决不了的问题时会求助于人民法院。我国司法扎根于固有社会这一特定的土壤上,由专业化又具有大众化特点的法官化解纠纷、处理争议;在与当地民众长期性互动交流的过程中,法官积累了许多司法工作经验,人民陪审员从当地不同行业的民众中选出,让司法拥有更多的实践性;司法消化吸收传统社会中的重要营养,从而使其与形式上的现代制度适配,以便满足民众的需求。司法立足于国情,坚持大众化与专业化相结合,通过人民陪审员等民意沟通机制,广泛吸纳社会各界的意见,符合我国社会环境的具体发展状况。

我国古代社会一直以儒家思想为正统,儒家思想遍及社会生活的各个方面。我国是传统伦理社会,司法审判方面也表现出固有社会的基本特质,具有遵循伦理、追求"无讼"的特点,并深刻影响着我国当代的司法。我国古代社会司法审判的方式是"以和为贵、以礼为准",运用调解方式结案息讼是其显著特点。一方面,古时候社会的司法审判以彻底解决矛盾、消除案件纠纷为终极目标,展现出司法审判理念和规章制度中间的一种综合平衡,根植于我国固有社会的传统司法模式,对我国固有的司法道德伦理表达了某种程度上的尊重。另一方面,司法传统重视法、理、情的融合,平衡各方主体利益,对案件的处理尽量做到"案结事了"。自从近现代社会以来,我国在固有法制的基础上开始了外发型的法治建设。法治要在各种社会关系交互作用的影响下实现,脱离传统文化等社会条件的抽象"法治"是根本不存在的。我国当代的法治基本建设是一个长期渐进的过程。在传统历史土壤上培养出新成果,期待不可太过理想化。要以历史主义、现实主义的态度开展我国的法治建设,从我国社会现状本身寻找和挖掘法治的萌芽,依靠我国本土资源推动法治的逐步实现。法治的建设不是主观塑造的,而是历史文化演进而来的,不仅与社会规范方式有关,也与民族思维习惯有关。从这一意义上来说,司法有助于丰富传统思想理论,为探索我国特色法治道路提供宝贵资源。新中国成立之初,如何迅速恢复正常的经济运转,重建稳定的社会秩序,成为国家政权建设必须解决的首要问题。① 可以说,那时的国家和政府几乎垄断全部重要资源,并主要依靠行政手段对社会生活实行全面控制。② 在这种背景下,司法被视为行政的一部分,法院的组织设计同行政机关一样都是服务于政治的。③ 这一时期法院的组织架构更多是基于政治的考量,这种科层化程度导致法院的组织结构垂直分化,通过上下级关系的严格等级把控来加强法院的管理监督。④ 这种适合于行政管理的方式将法院按照科层制的基本逻辑建构起来,并在内部形成科层化的"线性构造"。

第二,文化根源。法律文化是一种理性文化。与司法职业文化相悖的文化是一种盲目崇拜和迷信权威。这种文化体系将司法主体划入吏的阶层,让官与吏在官衔、身份上形成等级,认为只有行政官员才能拥有法官无法比拟的身份和权力。儒家认为,社会秩序混乱的主要原因在于"争",要实现社会整体和谐,只有忍让才能达到止争的目的。儒家止争为不同的社会角色设计了行为限度,这种行为规则就是"礼"。在儒家看来,如果每个人都能按照礼的要求作出适合自己的行为,社会方能稳定。自汉以后,儒家文化占据主导地位,但它的价值取向一直不利于权力意识的发展。一是缺乏平等思想,压抑个体意识。

---

① 最高人民法院办公厅.最高人民法院历任院长文选[M].北京:人民法院出版社,2010:11.
② 孙立平,王汉生,王思斌,等.改革以来中国社会结构的变迁[J].中国社会科学,1994(2):47-63.
③ 付磊.我国司法科层制的建构路径及其背景透视[J].财经法学,2015(5):68-77.
④ 于显洋.组织社会学[M].北京:中国人民大学出版社,2016:123.

儒家思想奉行"天人合一"，混淆作为主体的人与客观对象的自然之间的界限，盲目崇拜迷信自然，忽略人的主体地位，导致人的主体意识模糊。西方奉行"天人对立"的思想，人是独立于自然的主体。古希腊时代，就产生了"人是万物的尺度"的观念。在一个缺乏主体意识的文化环境中，个体意识得不到发展，而权力意识往往形成于个体意识的基础之上。儒家文化虽也重视人的发展，但将其局限于它所设计的人际网络关系之中，而不具有自我独立意识。在群体关系网络中，个体常常容易被压制。在这种追求"无我"以迎合集体规则的文化环境价值取向下，个人的权力意识很难真正形成。即使个体有部分权力意识，也不敢公开表露。在儒家所设计的以"礼"为核心的等级结构中，不同人的地位是存在等级差别的，权力的不平等被视为天经地义。在等级界限的"礼"的束缚之下，法院内部行政化等级以及"上行下效"的氛围难以破除。二是受"中庸之道"的文化传统影响。中庸之道是一种追求适中、寻求平衡的思想，是实现社会和谐的一种极为重要的方式。在先秦儒家典籍中，常常用"中"表达公正。受到中庸文化提倡适中和公正的影响，合议庭审理疑难复杂案件时，可以避免独任法官的个体偏见。人民陪审员的参与，在审判依据上寻求"法"与"情"之间的平衡。受多年传统文化影响的法官认为只有坚持情理法兼顾的审判原则才能实现真正意义上的司法公正。[①] 法律作为上层建筑的制度性规则，需要根据社会情势的变化而作出相应的调整。职业法官用专业知识对法律适用问题作出判断，人民陪审员在事实问题上提供意见，避免独任法官的主观臆断，情理法兼顾的思想受到中庸之道的影响，背后的价值是"平衡"。三是压制型管理，缺乏权力意识。我国古代法律的价值取向，是压制型而不是治理型。行政与司法合二为一，它的规则是禁止性而不是授权性的。法官的地位如同行政官员一样，以维护

---

① "情理"指在长期共同生活中所形成的关于人自身的特性、感情交往、道德原则、行为规范、社会客观情况和是非标准的总和。

社会稳定为目标。为了停止纷争,达到社会和谐,历代儒吏一方面用强权压制矛盾,另一方面强调打官司是不光彩的事情,鼓励大家选择私了。即使起诉到法院,审判过程中,合议庭成员也会尽可能对案件进行调解,不会因各持己见让案件拖延太长时间。在传统社会息诉止争的文化背景下,想要真正发挥合议庭成员积极参与案件的作用是比较困难的。在西方,三权分立的体制之下,司法职能很早就从行政部门中分离出来,司法与行政互相制衡,司法机关已经成为解决案件纠纷的有效机制。

第三,制度根源。司法制度并不真正存在一个至善的境界,作为社会制度的重要组成部分,司法制度也常常处于动态之中,社会正义也要随着社会环境的变化而调整。法官作为法律秩序和社会正义的守护者,不但要具备一般的社会道德,更应当具备从职业法官从业所规定的特殊职业规范,审慎公正地行使手中的司法权,将对法律职业的了解从僵化的、功利的层面上升到精神层面,呈现司法独特的魅力。法院以塑造培养法官合理地运用法律、准确地解释法律从而维护司法正义为出发点。对法律的信仰,是法官与生俱来的天然品性。司法权是一种判断权,但这种判断需要借助行政机关的力量。司法权作为一种消极权力,其本身很容易受到侵蚀,力量较弱;而行政权力具有很强的强制力,并且力量强大,也正因如此,我国司法权才会紧紧依附于行政权。

司法的转型和完善可能不是国家对社会固有结构与治理机制的"格式化",而是不同力量之间选择和互动的过程。我国现代司法不同于西方国家的社会现代化司法形态。我国的法官立足基本国情、尊重司法传统,充分运用自身的能动性解决司法纠纷,积极主动运用实用性较强的方式回应社会需求,达到法律效果与社会实际效果的有机统一。

（二）合议制度运行的内生环境

独立的司法离不开高素质的司法群体，司法是由人组成的群体，想要维护司法的公平正义，离不开对法官的良好的职业保障。否则，法官在审判时很难"以事实为根据，以法律为准绳"，毕竟它受到社会化倾向、历史文化传统的影响，在不同历史时期与整个社会文明的发展程度密切相关。因此，我们需要对这些问题进行深入的了解和研究。组织活动中，人是组织资源的核心和关键资源。"法官是司法活动的主体，是法律与现实之间的桥梁。"[①]法官对于合议制度运行状况的重要性不言而喻。

第一，法官职业化水平有限。与西方发达国家相比，我国法官的职业化水平还存在差距。20 世纪 50 年代初期的司法改革，复转军人被安置到法院等司法部门工作。"三反""五反"运动中，各级人民政府调配一些政治立场坚定、熟悉政策的老干部加强法院领导部门建设，又从转业建设的革命军人中输送一批积极分子来充实法院队伍。"文化大革命"以后，大批复转军人又被安置到司法部门，现有基层人民法院中，复转军人出身的法官也仍然占相当的比例。这些复转军人大部分都是基于组织安置的原因，缺乏基础的法律职业素养，给法院的专业化带来了不少负面影响。20 世纪 70 年代末，高考制度恢复以后，政法院校法律专业的学生受到严格的政治审查，因为当时公、检、法作为无产阶级巩固政权的重要力量，政法院校的学生是主要后备军。往后的十多年里，司法制度在职能上也发生了很大变化。改革开放以后，我国从以阶级斗争为主转向以经济建设为中心，作为国家审判机构的法院的职能也发生了相应的变化，服务于市场经济建设成为法院的工作重心。尽管我国法官素质近年来有了明显提升，但基层人民法院中

---

① 高其才，赵小蜂，黄宇宁.法官：基层司法的主体——全国 32 个先进人民法庭法官的实证分析[J].金陵法律评论，2007(1)：62-73.

的部分法官还是存在职业素养缺陷。基层人民法院中有部分法官虽然长期从事法律工作,有一定的办案经验,但并没有通过司法考试。虽然法院系统法学专业的职业者占多数,但在法官助理和书记员中,还有很大一部分是非法律专业人员,如历史学、语言学、哲学甚至一些理工科专业的人,由于法院人案矛盾紧张,这些非法律专业的法官助理都在不同程度上分担着法官的工作,如草拟判决书等,这些也会影响法院整体的职业化水平。司法专业化的发展趋势对于我国司法工作的质量、社会关系的调整、保障公民权利等方面都具有深远的意义。虽然近年来针对法官录用、选任机制进行了不少改革,如设立统一司法资格考试制度以提高法官队伍准入门槛,法院系统新进人员一般由省级部门组织考试,通过优化法官的来源和录用方式,提高新任法官的资格条件。同时,通过加强在职法官教育培训,提高法官队伍的司法能力。目前,我国法官队伍的建设已经取得了不错的成绩,但就法官的整体素质而言,相比法治发达国家还存在一定的距离。

第二,法官的整体业务能力有待进一步提高,主要表现在法官对复杂疑难和新型案件的审理能力和经验不足。具体来说,审判资历较浅的法官在判断证据真伪、推理法律事实以及控制庭审等能力上存在欠缺,难以将所学的法律条文与复杂的法律事实相对应,甚至对于一些简单案件也难以独立完成审判。年轻的助理审判员,因为自身审判经验的不足,依赖资深法官长期的业务指导;经验较为丰富的法官,由于缺乏专业系统的法律学习,常常依赖经验办案,学习能力和应对新类型案件司法能力较弱。另外,合议庭法官与人民陪审员在业务素质与办案能力上存在明显差别,职业法官与不具有独立办案能力的人民陪审员实际享有不同的"话语权",这种差别的存在也影响合议庭成员平等协商民主审判。

第三,法官地位有限。法官的职业要求是要保障公民的合法权益。政治体制的原因使法院地位偏低,迫于内外压力,法院很难做到独立审判、只服从法律。职业化的法官要求严格执法,而法院主要领导的选任更注重与地方官吏的同质性。我国的法官行使着国家的司法权力，承担着非传统司法职业者的职能。司法实践中，司法管理体制人、财、物均受制于地方，法院经费紧张，法官自身的自由裁量空间很小，司法正义要求法官公正独立地审理案件，而法官的职业又无法得到保障，因此难免陷入两难境地。

二、合议制度的审判权运行形式化

合议制度的形式化主要体现在合议庭审判案件中的"形合实独、合而不议"现象。结合司法实践中的情况综合分析，我们无法否认形式化合议对合议制度民主价值的破坏，但必须承认的是，合议制度形式化也是在人案矛盾的压力下作出的一种顺变，一方面，案件审判效率在一定程度上得到提高；另一方面，也减轻了法院和法官的办案压力和负担。但如果合议庭成员只是法庭上形式参与，在裁判过程中并没有发挥实质作用，最终判决还是由主审法官一人作出，则会出现"形合实独"的现象。例如，合议庭评议流于形式、合议庭评议笔录事后补记等问题都反映出合议庭评议的民主性保障不充分。

（一）合议制度在立法与司法适用范围上的背离

司法实践中，案件数量急剧增长，独任制度的适用范围不断扩大，合议制度成为独任制度适用的简易程序即将到期时的备用选择。立法上虽然规定一审案件以合议制度为适用原则、独任制度为例外，实际上大多数基层人民法院的案件是以独任制度适用简易程序审结的。并且，经考察发现立法规定的应适用合议制度普通程序审理的案件适用独任制度，审判质量并没有受到大的影响。现行法律规定的"合议为主，独任为辅"在实践中被严重虚置，导致"独任为主，合议为辅"的现象较频繁。根据最高人民法院公布的数据,基层人民法院审理的民商事案件中,简易程序的适用率已经占据绝对优势。从杭州市 D 区法院、E 区法院和 F 区法院民事合议制度的适用,以及针对基层人民法院民事诉讼中合议制度与独任制度适用的各自情况分析均表明独任制度至少在比例上已经成为实践中的主流方式。

第一,基层人民法院民事诉讼中合议制度的运行样态。随机抽取杭州市 D 区法院、E 区法院和 F 区法院 2022 年 1 月 1 日至 6 月 1 日期间每月自 15 日开始连续 20 日受理的各 100 件,合计 300 件民事诉讼案件的相关案卷,以上获得的数据显示,杭州市 D 区法院、E 区法院和 F 区法院合议制度运行的情况同上述最高人民法院的统计情况基本一致。具体情况如下。

被抽查的 300 件民事案件中,D 区法院、E 区法院和 F 区法院适用简易程序的分别为 89 件、84 件、91 件,占比分别为 89％、84％ 和 91％,共 264 件,占样本总量的 88％;采用特殊程序的分别为 3 件、5 件、2 件,共 10 件,占样本总量的 3.33％;而采用普通程序的则分别有 8 件、11 件、7 件,分别占比 8％、11％ 和 7％,共 26 件,占样本总量的 8.67％,详见表 3-1、图 3-1。

表 3-1 样本案件各程序适用

程序类型	简易程序		特殊程序		普通程序	
	样本数/件	占比/％	样本数/件	占比/％	样本数/件	占比/％
D 区法院	89	89	3	3	8	8
E 区法院	84	84	5	5	11	11
F 区法院	91	91	2	2	7	7
合计	264	88	10	3.33	26	8.67

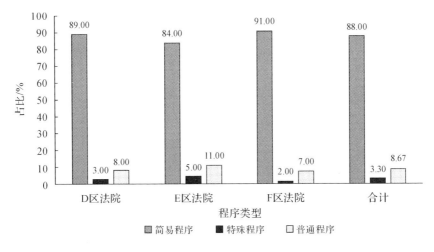

图 3-1 样本案件各程序占比

在合议庭组织形式上,26 件采用普通程序的案件均由 1 名法官和 2 名陪审员组成合议庭,而司法实践中陪审员参审的只有 19 件,人民陪审员事实上没有参审由法官独任审判的案件有 7 件。因此,在没有考虑剩余 26 件普通程序案件中是否存在事实上实行独任审判的情况下,D 区法院、E 区法院和 F 区法院共 300 件被抽查的案件中,独任审判案件已经达到了 281 件,占比为 93.67%。

在适用简易程序还是普通程序的理由上,绝大多数法官认为除非当事人坚持或者该案件确实属于疑难案件,一般均直接采用简易程序,这样有助于提高审判效率。例如,在调研中 E 区法院民一庭庭长指出,在 2022 年上半年审理的民事案件中,仅有 3 件案件的当事人坚持采用普通程序,其他案件全都直接采用简易程序审理。

第二,合议制度与独任制度的案件比例分配分析。以上司法统计数据表明,基层人民法院适用独任制度简易程序的数量远远超出立法的范围。原有关于合议制度和独任制度范围的适用原则和立法意图受到了实践的挑战。另外,上述现象也导致司法实践中合议制度成为独任制度的候补,独任制度与合议制度的适用转换相对灵活且随意。面对长期持续的案多人少重压,基层人民法院为维系自身的超负荷运作,面临两难选择:要么严格遵循法律规定的合议制度和普通程序的适用范围,其结果是难以完成审判任务;要么扩大独任制度和简易程序的适用范围,结果是违反法律对简易程序适用范围的规定。① 显然,选择后者更为简便可行。因此,在对法院现有人员结构不做大的调整的情况下,各地基层人民法院更加青睐追求效率的独任制。因为同样的案件数量,法院适用独任制度比适用合议制度在效率上至少提高两倍,可以极大缓解"案多人少"的压力。因此,各地基层人民法院适用独任制度的案件数量普遍增长。大量并不属于法律规定的应当适用简易程序审理的简单案件,被适用简易程序和独任制度审结,进一步造成合议制度的适用范围萎缩。

相较于合议制度,独任制度在民事程序审判中占优势。在从杭州市 D 区法院、E 区法院和 F 区法院抽样的 300 件民事案件中,采用名义上合议制度的只有 8.67%,独任制度却高达 91.33%;事实上独任制度的比例高达 93.67%,合议制度只有 6.33%。另外,调研中发现审判过程中大多数案件采用的也是独任制度,只有少数案件采用合议制度。这一事实与我国《民事诉讼法》规定基层人民法院在民事一审案件中以合议制度为主、独任制度为辅相悖。在 D 区法院、E 区法院和 F 区法院的司法实践中,基层人民法院民事诉讼中合议制度事实上变为独任制度的情况较为严重。在 D 区法院、E 区法院和 F 区法院 26 件采用合议制度的案件中,所有合议庭均采用 1 名法官、2 名陪审员的架构,甚至在 7 个案件中应当参与合议庭的陪审员事实上并没有参与,从而形成事实上的独任审判,其余案件中陪审员虽然参与审判,但能够发挥的作用也有限。调研发现,在为数不多的适用普通程序审理的案件中,虽然都有陪审员参与,但陪审员在审理的过程中很少发言,合议庭评审时也基本以案件承办法官的意见为主,很少出现提出不同意见的情况。因此,这些陪审员参与审判的案件事实上仍然是承

---

① 章武生.民事简易程序研究[M].北京:中国人民大学出版社,2002:9.

办法官独自主导,与独任制度并没有实质性的区别。

　　合议制度并没有明显审判效率上的优势。在适用不同审判组织方式的理由方面,基层人民法院基本上采用的是实用主义态度,即在不损害审判质量的前提下提高审判的效率。当然,这也是基于沿海地区缓解案多人少的矛盾,提高审判的效率的需要。例如,调研中 F 区法院民一庭的一名法官认为,随着承办案件的逐年增加,法官办案压力越来越大,实践中除非当事人坚持采用普通程序,审理案件时几乎均直接采用简易程序,以缓解案多人少的压力。

　　独任制度与合议制度的审判案件质量区别不明显。根据 D 区法院、E 区法院和 F 区法院的抽样统计数据,合议制度并不能明显提高审判质量。数据显示,独任制度审判的改判和发回重审比例为21.84%,合议制度为20.83%,改判发回率基本一致,不存在实质上的差异。

(二) 合议庭内部成员地位不平等

　　合议庭成员的法律地位平等是否等同于实际上的平等?如果不能做到合议庭成员之间的实际平等,合议也难以实现真正的民主化。通过对法官的调研发现,合议庭成员的地位和作用是不同的,其中资深法官的地位最高,承办人的作用最大,如果资深法官担任审判长,那么他的地位将明显高于其他合议庭成员。基于这种实际地位的不平等,合议庭成员所发表意见的话语权自然也不一样,即使年轻法官的意见更为合理,也难以像资深法官的意见一样受到重视。可见,基于这种实际上的不平等,合议的民主氛围受到很大影响。

　　合议庭不仅可以随意组成,还可以临时更换,而且人民陪审员的实际出庭率并不是很高。在合议庭审理过程中,经常出现"一人主审其他人陪审"的局面。司法实践中,往往根据承办人的意见直接在笔录上签名,相对复杂一些的案件可能会增设其他两名成员的意见,很少实际进行合议庭评议。同时,合议庭的裁判除了依据案件的事实和适用的法律,很多时候还会受到其他因素的干扰。《最高人民法院关于人民法院合议庭工作的若干规定》第十条第二款确立了合议庭参与成员相互平等且不受干扰的表决权,并赋予了评议参与者平等的法律地位。大多数情况下,合议庭都由三名职业法官或者一名职业法官与两名人民陪审员共同组成,实际审理过程中由案件的承办法官对该案件的事实部分和法律适用部分负主要责任。尽管法律赋予了合议庭成员独立发表意见、平等评议、共同裁判的集体审判权,但是受多种因素的综合影响,立法上的制度设计与司法中的具体实践出现明显断层。合议庭审理的案件从立案到庭前准备工作、证据调查、撰写初审意见,基本上都由承办法官独自一人完成。在多数情况下,合议庭成员都是相对稳定的,这就决定了合议庭的组成结构长期维持一种协作型关系。但是,这种协作型关系并不意味着合议庭成员的意见总是趋于一致,只能说合议庭成员会尽量争取达成一致意见。司法实践中,人民法院内部的行政化倾向仍然严重,合议庭审判过程中继续依赖审判长、院庭长,具有一定行政级别的法官的意见对于其他合议庭成员的影响力仍然很大。有学者提出,中西方的差异主要源于二者在核心理念上的差别,西方国家所遵循的是"法官负责制"的理念,而我国历来推行"首长负责制",从院长到庭长、审判长都通过各种途径约束合议庭法官的审判行为,影响案件的裁判结果。合议庭通过层层请示汇报的方式规避审判职责,导致合议庭审判权行使不独立、司法公正难以保证等问题。合议庭在开庭审理完成后对案件进行评议,合议庭法官在评议案件时平等独立地表达各自的意见,以产生最后的裁判结果。对于合议庭的决议,法律只简单规定了少数服从多数的原则,并没有规定在合议庭无法形成多数意见时怎样产生合议庭的最终判决。司法实践中,院庭长、审判长掌握着绝大多数司法资源,在审判中的话语权和影响力明显高于其他法官,很容易导致有行政职务级别的法官在合议时先定调,其他合议庭成员简单附和的局面。

合议庭内部成员不平等主要表现为承办法官占主导地位。在法院案件压力越来越大的情况下，合议庭审判"合而不议"的现象也日益严重。承办法官一直居于合议庭的审判核心，在承担案件主要责任的同时，也主导着案件的审理、评议和裁决，这也加剧了"形合实独"现象。尽管法律赋予合议庭其他成员拥有与承办法官一样的参与评议、作出裁判的同等职权，但无论是在法庭庭审前的开庭准备工作，还是在庭审中对庭审具体事项的主持，或是在庭审后对判决书的起草，裁判文书公开、送达和归档等相关工作的指导都基本由承办法官独自完成。当承办法官出任法庭的审判长时，其审判职权得到进一步扩展，必要时还可以行使向专业法官会议或者审委会提交讨论重大疑难复杂案件的工作职责和权力。一些法院已经出现了承办法官承担案件审理工作，其他合议庭成员象征性到庭参与的状况。比如，当院庭长参与到合议庭审判时，基于对案件了解程度的比较优势，承办法官的意见对于合议庭评议和决策实际上拥有很大的影响力。当没有院庭长参与的合议庭审判时，承办法官能够直接主导合议庭的评议、表决，裁判结果基本上取决于承办法官的判断，除承办法官以外的其他成员大多只需要简单同意承办法官的裁判意见即可。由此可见，在合议庭实际审判中，承办法官占据绝对主导地位。在我国，案件承办法官和审判长的工作职责在一定程度上存在冲突，既不利于审判长制改革目的的完成，也不利于职责的区别划分。由于案件审理相关工作的开展离不开合议庭成员的互相配合与分工协作，我国现阶段合议庭审理要求负责制作裁判文书的法官必须在合议庭评议结束之后依据评议结果完成裁判文书的制作，再交给合议庭其他法官审核签名，这个过程一般只有负责制作裁判文书的法官独自进行。共同负责制要求合议庭全部法官参与审理，而我国的案件负责制改革始终把合议庭的个别法官作为案件的"主要负责人"，其也在实践中成了审判责任的"唯一负责人"，这就造成由合议庭法官共同承办的案件变成个人责任。

承办法官负责的案件，其他合议庭成员一般也就是简单同意表决。彼此达成默契,互相不为难,以此提高审判效率。长此以往,合议庭评议逐渐由以承办法官负责为主,变成了承办法官一人承包全部事项,负责合议庭所有工作。对 100 件案件进行调查的统计结果表明:合议庭成员意见完全一致的为 93 件,基本一致的为 5 件,出现分歧的仅为 2 件;合议庭成员直接认可承办人意见的为 85 件;对所发表意见简略说明理由的为 10 件,真正展开充分讨论的为 5 件。承办人意见对裁判结果起到绝对主导作用(见表 3-2、图 3-2)。同时,法院实行审判责任分配到人,案件的数目和质量与承办法官的升迁奖惩等紧密相关,但与合议庭其他成员的关系并不大。合议庭审判案件,立法上决定权归属合议庭,但责任的承担只和承办法官的利益挂钩。合议庭成员对某个具体结果的偏好强度不同,合议庭成员的价值排序不同,对案件的意见也不一样。合议庭审判是一种合作事业,合议庭成员选任是随机的,法官不能直接选择与自己合议的搭档,同一法院法官的背景不同,能力也不同,多样化的组合有利于发挥不同法官自身的优势,但也可能存在摩擦,在合议审判中体现为异议。在由三人组成的合议庭中,如果承办法官主张强烈,其他法官一般情况下都会顺从承办法官的意见,也进一步加剧了合议庭审判的民主形式化。

表 3-2　合议庭评议表决

表决意见	占比/%
完全赞同承办人的意见	93
有不同意见,最终讨论达成基本一致	5
意见出现分歧,坚持不同的意见	2

　　合议庭内部成员不平等还表现为人民陪审员职能虚化。司法实践中,基层人民法院通过人民陪审员的参与弥补法官短缺造成的审判力量不足。《人民陪审员法》确立了我国人民陪审员制度改革的目标,以更好地发挥人民陪审员制度的民主价值、公正价值、审判权监督和审判纠偏价值等制度价值。然而,我国人民陪审员制度的实施效果并

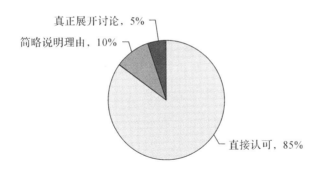

图 3-2　合议庭成员对裁判结果的统计

不显著，人民陪审员制度一直未真正发挥其预期的价值和功能，"陪而不审，审而不议"的现象依旧十分突出，制度的价值和功能明显异化。人民陪审员个体差异较为明显，有的个性较为软弱，意志也不坚定，难以对案件形成独立的判断，有的具有从众思想，容易跟随别人的想法，还有的虽然个性较强，愿意积极参与发表意见，但由于缺少法律专业知识，实际上发挥的作用十分有限，民主价值并没有得到充分体现。关于人民陪审员能否实质性地参与庭审，调查问卷从事实问题的参与度上衡量人民陪审员在合议庭审判中的实质作用。参与问卷调查的受访者表示，在理解证据的内容以及证据法规范的内容等方面，绝大部分人民陪审员都会遇到较大困难。调查显示：C 市 B 区法院 2022 年有陪审员 60 人，但参审案件的陪审员只有 38 人，另外 22 人在一年中并未参审案件，绝大部分人民陪审员实际上成为"陪审专业户"。在各法院提交的统计中，大量案件都有陪审员参审，而这些数据更多是为了应付上级法院检查而"拟制"的。真正的基层情况是仅有 3％—5％的案件有陪审员参审，平均每个基层人民法院长期为 15 位陪审员从事陪审。当然，其中的原因也有人民陪审员参审的积极性普遍不高，组织程序烦琐且影响审判效率。因此，在访谈中，有法官反映，他们往往会选择那些比较熟悉的、随叫随到的、有一定法律知识的陪审员，所以不自觉地总是使用那几个陪审员。这就导致有些陪审员成为个别庭室的"陪审员专业户"。

合议庭组成中如果有人民陪审员的参与,职业法官主导案件评议、决定最后裁判结果的现象往往更为普遍。职业法官与人民陪审员权力的不平等直接导致人民陪审员在审判中的虚置地位,造成审判合议制度在一定程度上的空转。在访谈过程中,我们发现,当事人更倾向于选择专业法官审理案件而不愿意让人民陪审员参审,基于专业性的考虑,对于人民陪审员参审存在一定程度上的排斥。在对 C 市 B 区法院法官的访谈过程中,有受访法官表示:

> 现在的人民陪审员真正参与审判的很少。一些人民陪审员看起来很忙,开完这个庭就赶着另一个庭,不停地赶场。但是他们在实际庭审中,只是象征性地坐在法庭上,并不发表意见。可能他们认为自己反正不是法官,发不发表意见影响不大。大部分情况下就是为了凑个数,本来也不是特别懂,既然如此,多一事不如少一事,最好不要参与。庭审前后,人民陪审员也基本不研究案件材料,只是例行公事在评议笔录上签名。

人民陪审员"陪而不审"在合议阶段的主要表现如下:一是在评议过程中仅仅充当形式化充数功能,并没有发挥实质性的作用。二是不发表自己的独立意见。一些人民陪审员虽然对案件作出了自己的判断,但是后续会根据职业法官的意见进行修改,不能坚持自己的意见。一方面,职业法官与人民陪审员在合议庭中的实际地位并不平等。按照法律规定,人民陪审员在合议庭审理中不能担任审判长。具体司法实践中,人民陪审员由于专业知识上的匮乏和时间上的限制,事实上很难拥有和职业法官同样的职责和权力。另一方面,人民陪审员的考核与奖惩通常受到职业法官的影响。《人民陪审员法》第二十五条规定,法院拥有对人民陪审员的考核与奖惩权。然而,法院对人民陪审员的考核基本取决于与人民陪审员共同组成合议庭的职业法官的意见。所以,这项制度在一定程度上促使职业法官监督和领导人民陪审员的工作,职业法官成为人民陪审员实际利益的控制者和支配者。同时，专业知识上的欠缺也很容易导致人民陪审员丧失在与职业法官共同评议时的话语权。在我国，人民陪审员都有自己的职业，而一个科学合理的裁判结果除生活经验之外，更多的是需要很强的法律专业知识做基础。

C 市 B 区法院某法官表示：

> 人民陪审员对案件的判断大多来自生活经验，人民陪审员在案件审理过程中不敢轻易发表个人意见，由于法律专业知识的欠缺、容易对法官产生依从心理，自然难以发表独立的见解。加上大部分人民陪审员并没有足够的时间、精力参与阅卷调查，一般只有等到开庭时，通过翻阅文字材料才了解案由和当事人的一些基本情况。在案件审限的压力下，为节约合议时间，一些基层法官仅对案件的结果进行合议，导致法官难以与人民陪审员对案件的具体问题进行细致的评议。而且在很多时候，案件不是开庭当天合议，往往在庭审后一段时间，承办人根据需要再通知人民陪审员组织合议。人民陪审员有时忙不过来，时间凑不到一起，就打电话简单征求下意见，走个流程。

在适用法律上，尽管立法规定人民陪审员和职业法官有着相同的评议权和表决权，但在法庭实际评议过程中，人民陪审员在裁判过程中的话语权以及对裁判结果的影响力是非常薄弱的。总而言之，较之于职业法官，人民陪审员无论是在事实认定上还是法律适用上，都呈现权力小、责任小的司法现状，实践中发挥的作用十分有限。

合议制度在司法实践中的运行与当初的立法定位有一定距离。以基层人民法院为例，现行法律规定的"合议为主，独任为辅"，在司法实践中呈现"独任为主，合议为辅"的现象。根据最高人民法院最近公布的统计数据，基层人民法院审理的民事案件中，合议制度在实践运行中"合而不议"的情况十分突出，尤其是在人民陪审员人数较少的合议庭组成中，合议制度的运行已经基本被异化为实质上的独任制度。

具体到案件审理过程中,因人民陪审员开庭前难以查阅案卷导致对案情了解不够深入,难以形成自身独立看法,再加上目前法院审理未对事实审与法律审进行明确区分,人民陪审员组成的合议庭审判并没有从实质上实现。合理定位合议庭成员间的关系,不但决定了合议制度的正常运行模式,也决定了合议制度的设计初衷能否得到实现,还决定了司法程序的正当性标准。

三、合议制度的审判管理行政化

如果案件出现法律之外的领导批示,再一层一层传递到承办法官,这种科层制环境下的合议制度将会受到什么样的影响呢?审判运行机制在一定程度上反映出案件审理过程中合议庭内外部形成的管理、分工协作的关系,具体表现为:对外,合议庭与院庭长、审委会之间的分权与制衡;对内,合议庭成员间的分工与协作。这种行政化问题可能导致案件合议审理失去公平公正,合议程序最终无法实现其公正价值。在具体的司法实践中,院庭长和审委会对合议庭的监督管理很容易演变为对合议庭依法独立行使审判权的干预,当合议庭在重大复杂疑难案件的审理中遭遇意见分歧时,往往要向庭长汇报、请示,庭长再根据案件的复杂情况向主管副院长、院长汇报。在整个司法过程中,可能存在院庭长假借合议庭之名对案件实施行政干预。与此同时,一些法院还将提交审委会讨论决定案件的行为制度化。审委会通过讨论决定案件却没有直接参与庭审,缺乏"亲历性",也在一定程度上造成"审者不判,判者不审"的现象。

(一) 审委会分享合议庭审判权

按照现行的审判组织制度,审判组织由合议庭、审委会、独任法官三者共同构成。可以说,审委会既是人民法院内部的重要审判议事机构,也是代表人民法院行使国家审判权的重要审判组织。审委会作为审判业务方面的重要决策机构,指导和监督全院的审判工作,并发挥统一法律适用功能。各级人民法院设立审委会,均实行民主集中制。

我国封建社会一直将司法与行政合二为一,行政机关的行政长官同时担任司法职责。新中国成立以后,社会主义性质的审判制度建立起来。基于新中国成立前革命根据地的司法机关普遍实行集体领导制度,因而审委会的设立也与我国的司法传统紧密相关。新中国成立之后,旧的司法体制被打破,社会主义性质的司法体系创建,面对司法人员极度匮乏和法院法官的整体素质偏低的情况,集体决策的方式可以保证案件的审判质量。当然,还有一个重要原因是受到大陆法系的影响。与普通法系国家相比,大陆法系的法院体系结构呈现浓厚的官僚化色彩,法院内部组织结构呈现明显的等级层次。审委会的建立正好符合这种等级结构,为该制度的建立提供了更多可能性。由院庭长以及资深法官组成的审委会虽然实现了领导层对审判工作的直接控制,但也给合议庭审判权的独立行使带来了很大压力。审委会讨论案件时无法直接听取双方当事人的陈述和辩护,仅通过查阅案卷或者案件承办法官汇报的案件情况作出裁判。这一点不仅与直接言词原则相悖,对准确判断、查明事实也是非常不利的。与此同时,审委会讨论决定的重大疑难复杂案件,审理者是合议庭,裁判者却是审委会,割裂了审理权和裁判权,形成"审而不判"和"判而不审"的现象,导致合议庭法官积极性被削弱,最终影响案件审判质量。访谈中,某法官描述:

> 实践中,面临影响大、涉及面广的案件时,合议庭成员会主动让出审判权,让审委会承担责任,有些合议庭只要案件看法不一致就提交审委会,有的合议庭甚至为了逃避审判责任,故意将不具备提交审委会讨论的案件也提交上去。虽然表面上审委会对案件的裁决权有限,但事实上,只要合议庭认为有需要提交审委

会和审委会认为应该提交上来的案件都应当提交给审委会讨论决定,按照这个标准,审委会讨论决定案件的范围实际上是"没有范围",成为合议庭推卸责任的"挡箭牌"。

关于审委会是否拥有合法审判权的问题,最高人民法院明确提出审委会是人民法院内部最高的审判组织,这就相当于承认了审委会作为法院最高审判组织的地位。根据 2002 年《最高人民法院关于人民法院合议庭工作的若干规定》第十二条规定,特定类型的案件经合议庭评议后仍然应该提交给审委会讨论决定,审委会也可以主动要求将合议庭审理的案件提请研究决定。司法实践中,由于案件的复杂度以及对社会影响程度带来的司法影响力可能无法由法官或者合议庭单独承担,而审委会最终的审判决定会综合估量除法律本身以外的其他情况,就此作出更为符合现实的判决。

从合议庭与审委会的关系来看,一方面,大多数法院的审委会是一个较为松散的组织,也没有专门的日常办事机构,工作的随意性较突出。有些并不属于重大疑难复杂的案件也被提交审委会讨论决定,进一步加剧了审判分离的现象。另一方面,审委会"上令下从"的请示汇报现象突出。在我国各级人民法院,审委会委员与他们的任职级别相关联,享受行政职务待遇,严重降低了专业技术方面的功能。即使现有的审委会讨论案件规定了发言顺序,但实际讨论案件过程中,委员们还是会不自觉地依从院长的意见,以减少自身面临的压力。因此,审委会表面上是按照民主集中制原则通过少数服从多数的表决规则进行集体讨论决策,但实际上并未充分发挥集体智慧。审判权不能独立运行的现状与制度设计的初衷相悖,合议制度的优势功能也得不到发挥。"审者不判""判者不审"等非正式制度的运作,既增加了认定事实、法律适用等环节的裁判错误率,也容易导致司法机关内部权责不明。对于合议庭而言,审判分离抑制了合议庭成员的主观意志与客观行为,使得审委会与合议制度之间变成了业务上领导与被领导的关系，进一步加剧了司法的行政化倾向。立法理念上的偏差，实际上并没有赋予合议庭独立完整的审判权。受传统组织理念的影响，组织法与三大诉讼法在合议庭之上，审委会拥有最终案件决定权。这导致合议庭独立行使审判权被否定，成了有名无实的形式化代表。实践中，"重大疑难复杂案件"中的"重大"是比较模糊的，加上个人认知与外在因素的影响，非程序性的审判监督工作很容易走向变形。

（二）院庭长审判管理权挤压合议庭审判权

目前，绝大多数法院仍然属于传统的层级组织管理模式。随着审判权运行机制改革的不断深入，院庭长的审判管理权与监督权面临转型。在我国司法实践中，院庭长、审委会委员等除了行使审判权，还要履行与其职务相对应的审判管理职责，兼具审判权与审判管理权双重职权。

在人民法院的人员构成中，院庭长一方面属于审判人员，又担任审判人员的管理者；既要履行审判职责，又要履行管理和监督职责，同时负责全院的协调工作，以及对案件的审查、分配和审理等。院庭长虽然不是严格意义上的审判组织，但其拥有人事调配等行政权力。虽然院庭长在合议庭审判过程中发挥着非常重要的作用，但我国法律并没有明确规定院庭长拥有案件的审判权。院庭长通过对合议庭裁判文书的签发实现对合议庭的审判管理，与合议庭之间形成一种互相监督制约的机制。院庭长签发裁判文书的主要工作是对裁判内容进行形式上的审查，即对裁判文书中的事实认定部分和法律适用部分进行书面审查。在案件审查过程中，院庭长有权要求合议庭重新评议案件。尽管院庭长审核、签发裁判文书有利于提高裁判文书的质量，但也带来了许多的问题。例如，签发裁判文书规避了案件评议的正常程序，进一步加剧了合议庭审判分离、权责分离的现象，不仅与审判机关的性质职能相矛盾，在法理上也违背了司法规律。在访谈中，有法官反映：

> 如果院庭长发表的意见与合议庭其他成员形成的多数意见不符，哪怕是最后一个发言，其他合议庭成员也会在此基础上纷纷改变原有的意见，以便形成与院庭长统一的意见。有的时候，合议庭成员甚至会想方设法地了解院庭长的意见，在发表意见时尽可能地与院庭长的意见保持一致。由此，本应通过民主集中的方式进行集体决策的合议庭审判，实际上成了院庭长的个人意见控制了集体意见。

实践中，院庭长一般只能暂时否定合议庭的意见。审判管理权、审判权作为司法运行中两种性质截然不同的权力，在权力主体、程序、依据和目的方面存在明显区别。同时，两者也存在相互依存、相互配合、相互制约的关系。审判权与审判管理权两者之间的权力属性和运行逻辑有着本质的区别。第一，这两种权力所追求的价值目标导致运行逻辑差异很大。审判权所追求的最终目标是实现司法公正，而不是审判效率。效率价值是行政机关行使管理权时追寻的目标，强调促进上级任务、指令的完成，实现法院的高效运转。第二，两者之间的权力属性有着本质区别。审判权属于判断权，其权力属性要求能够依法独立行使。审判管理权属于行政权的一种，要求上令下从。审判权的行使更加注重民主价值和公正价值，审判管理权的制度逻辑则更加强调权威和高效。第三，审判权和审判管理权的地位不同。审判权和审判管理权处于主从地位。法院系统以审判为中心，审判权属于组织系统里的核心权力，这决定了审判权居于主要地位，而审判管理权作为辅助审判权行使的监督管理权，处于次要地位。因此，在审判权行使过程中，审判管理权不能跨越权限影响法官独立审判，只能服务于审判权的运行，发挥辅助作用。管理权的行使及其自身体系上的关联性让行政权与审判权之间的界限变得模糊，在一定程度上制约着合议庭审判权的独立行使，审判权越趋行政化。例如,院庭长同时具有审判权和审判管理权。然而,管理权和审判权独立行使之间的边界是否清晰?如何对待院庭长的审判管理权,让其合理行使又不至于损害合议庭审判权行使的独立性?因此,笔者认为需要通过下文对司法责任的分析来合理划分合议庭的审判责任,以此明晰权力边界。

(三) 审判长侵占合议庭审判权

实行审判长负责制的目的主要是确保资深法官独立行使审判权,将审判权力的行使回归到合议庭。但审判实践中被赋予了较大权力的审判长,已经转型成了为审理某一具体的案件临时设置的组织负责审理活动的审判人员,不仅从院庭长、审委会获得了相对独立的审判权,同时也夺取了合议庭内部其他人的独立审判权,成了架空合议庭的又一行政级别。之所以实行审判长负责制,是因为司法实践中存在审判能力不强、滥用职权的问题,希望将审判权集中于少数职业水平较高的法官,一方面可以保证案件质量,另一方面也方便对审判长进行控制,减少其行政管理成本。审判长责任制改革后,审判长集审判职责与管理合议庭行政管理事务的管理职责于一身,其职位已经接近副庭长。当赋予审判长实际意义上的"领导性"权威时,合议庭审理就难以实现民主平等评议了。例如,A、B、C 三个合议庭成员协商讨论案件时,A 提出一种对案件的处理意见,B、C 虽然认为案件有一定争议,但如果 A 是审判长,基于合议庭内部潜在的行政权威,B 和 C 大多数情况下都会自觉地赞同 A 的意见,保留自己的意见。访谈中,还有法官反映:

> 有的法院直接把审判长当成一种行政职务,让审判长的地位直接高于其他合议庭成员。有的法院赋予审判长和庭长大致相当的权力,导致其他合议庭成员更加依赖审判长,不独立发表审判意见,庭审流于形式。有的法院将审判长当作合议庭审理案件

的主体,导致合议庭成员内部地位不平等,合议庭其他成员沦为审判辅助人员,变相剥夺了他们对于案件的平等评议权。自然而然,审判长将自己当作合议庭的一把手,对案件的审理也从对合议庭的主持衍生成控制和管理,完全偏离制度原来的设计初衷。

审判长在合议庭案件审理过程中起主导作用,但是这种主导作用仅限于庭审活动的组织,一旦扩展到案件的实质裁判层面,就很容易产生审判长个人取代合议庭总体的局面。尽管审判长责任制改革在一定程度上降低了行政对合议庭审判权的干预,但是由于审判长并不一定是案件的主审法官,所以可能造成审判长变成没有"行政职务级别的副庭长",变成干涉审判权独立行使的变相行政主体。同时,审判长又集审判权与审判管理权等多重职权于一身,容易导致权力过度集中化、工作职责过于冗杂,不利于审判权的独立行使,也不利于提升审判质效。审判长责任制改革的关键在于有效精准定位审判长的职责与作用。有关审判长的性质与定位,依据《人民法院组织法》及《民事诉讼法》的相关规定,合议庭的审判长只针对实际案件开展实际案件审理和裁判的临时性组织,对其案件开展审理前不存有预置的固定审判长,审判长相较于其他合议庭成员并没有明显的优势。改革之后的审判长,相较于其他合议庭法官被赋予了更多的权责,当然在很大程度上是因为有其现实的制度需求。法官员额制改革推行之后,合议庭均由享有独立审判权、承担审判责任的法官构成,审判长的工作职责主要表现为案件审理、评议时的组织协调工作。在改革审判长责任制之后,审判长在合议庭审理案件时担任临时性审判组织者,不能简单等同于合议庭普通成员,但又不能算是审判组织意义上的行政领导。具体司法实践中,通常是由案件的承办法官承担最主要的案件审理工作,审判长对案件的裁判结果进行最终把关。当合议庭对案件进行实质性审理评议时,审判长和其他合议庭成员拥有相同的权责,但当合议庭处理案件程序流程事宜的时候,审判长又是合议庭的组织指挥,需要对合议庭的工作起指挥和协调作用。值得关注的是,因为审判长受其自身行政属性和固定化合议庭的影响,合议庭中的审判长事实上已经从主导关系变成了"主管"关系。

第四章　组织与结构:合议庭权责分离之成因检视

在组织与结构之间,结构具有决定性,可以综合各种因素决定最适合的组织形式。合议制度运行中的审判分离现象由来已久,导致合议制度的规则体系在实践中扭曲变形、功能异化,造成合议庭运行形式化、监督管理机制行政化、权责分离等问题,并各有其独特的运作场景,形式、内容各异。针对这些问题,不少学者提出了改革完善合议制度的系列措施。然而,司法实践中合议制度存在的这些问题却不断重现,其中缘由需要我们结合我国的制度环境进一步深入探究。

一、合议庭权责配置失衡

审判责任制度作为民事合议庭独立公正行使审判监督权的重要问责机制,目前主要问题在于审判责任分配不均衡以及追责模式的程序设置障碍。当前,面对我国法院突出的人案矛盾问题,法官往往尽可能想少承担合议案件的司法责任甚至不承担责任,或者减少自己在合议庭的工作量。目前实践中如果出现错案,合议庭成员的共同责任通常转化为个人责任的承担。因为实际运行过程中"形合实独"的现象,除主审法官以外的其他合议庭成员并没有真正实施审判。例如,人民陪审员所应当承担的义务和责任就没有明确规定。一旦案件出现责任追究,一般由主审法官承担主要审判责任,对其他合议庭成员给予较轻的处分。长此以往，就容易导致合议庭法官个人权责的模糊，责任追究难以落实。

（一）责任承担主体混乱

合议庭的审判责任主要取决于法官在合议庭审理案件过程中的角色和作用。在案件承办责任制中，合议庭其他成员在案件审判过程中产生的作用远低于承办法官。全国各地法院在实行审判长负责制改革的过程中，都在不同程度上将审判长作为合议庭审理案件的主要负责人。司法实践中，通常由审判长对案件的裁判结果把关，案件的承办法官承担主要审判工作，审判长对案件的裁判结果的影响力更大。主审法官责任制改革导致的结果是主审法官最终取代承办法官和审判长的地位。审判长负责制、承办法官责任制、主审法官负责制都强调合议庭案件承担的审判责任落实到个人，而不是让合议庭全体成员承担。

究竟哪些主体参与审判，需要经过哪些层级以及可能产生哪种影响，在审判活动中都处于不确定的状态，严重影响审判权的行使。[①] 经过名层级的严格把关，审判已经变为科层制运作的产物，直接造成了审判分离的状况，合议庭在审判过程中的作用被严重虚化。一些案件不仅要经过院庭长的层层把关，还要经过审委会的集体讨论决定，承办法官对自己审理的案件并不拥有唯一决定权。因此，就现行司法机制而言，虽然有法官审判权独立行使受限的问题[②]，但如果将责任分散到每个审判主体，将会导致错案责任最终难以被追究，责任无人承担的局面。

审判责任制导致承办法官、审判长、主审法官、合议庭其他成员之间的责任承担非常混乱。首先，不符合审判运行的规律。根据司法审

---

① 顾培东.人民法院内部审判运行机制的构建[J].法学研究,2011(4):3-20.
② 马长山.新一轮司法改革的可能与限度[J].政法论坛,2015(5):3-25.

判运行的规律,审判长与案件承办法官的设置不应该被分离。如果将审判长与承办法官的权责合二为一,既能发挥审判长的作用,又能够让审判资源得到合理利用。但是司法实践中,改革之后两者职权混乱,不仅影响审判效率,也混淆了审判责任主体的承担。其次,加剧了审判组织的行政化倾向。审判长责任制改革后,审判长成了院庭长之下的又一级行政管理者,这不仅让优秀的审判资源没有得到合理充分利用,也增加了法院的行政管理成本,还导致合议庭的集体智慧没有得到充分发挥。最后,违背了合议制度的设计初衷。合议制度的设计初衷是通过合议庭成员充分发挥集体智慧的优势、平等自由地表达意见、避免法官的主观偏见来实现审判公正。合议庭成员之间的平等审判权要求合议庭共同对案件承担审判责任。审判责任制改革将本应由合议庭共同承担的审判责任异化为个别成员承担的个体责任,不仅导致责任主体承担混乱,还造成只有主审法官、审判长或者案件承办法官才真正负责实质性的审理工作,降低了其他合议庭成员的积极性,发挥集体智慧的功能也无法得到实现。

(二) 案件审判责任分配不均

如果合议庭法官审判权责分配不均,法官个体无法独立行使审判权,集体讨论共同审判也将成为规避责任的"避风港"。权力与责任的"双重失位"容易导致合议制度价值功能的弱化。权力与责任相结合,才能让个体法官拥有真正的"主体地位",保障法官的独立与权威。换句话说,权力与责任并存是"司法公正"的重要前提。然而,司法实践中存在责任分配不均的问题。

第一,承办法官取代合议庭共同责任。司法实践中,承办法官拥有比其他合议庭成员更多的权力,也承担着比其他合议庭成员更多的审判责任。一是承办法官与合议庭其他成员职责划分不清晰,导致合议庭内部运作程序不规范。合议制度仅对合议庭的构成、职权等作出了原则性规定,但对合议庭内部成员权责如何分配等问题并没有作出具体规定。立法规定合议庭全体成员对案件的事实认定部分和法律适用部分共同承担责任。然而,在合议庭审判过程中,由案件的承办法官承担主要责任,其他合议庭成员承担次要责任,因为承办法官承担了远超过其他合议庭成员的大量的工作任务,导致其与其他合议庭成员承担的实际责任并不相同,承办法官承担了更多的审判责任。二是承办法官与合议庭其他成员之间的权力配置不合理,严重影响合议制度价值功能的发挥。众所周知,事实认定是法律适用的前提,而承办法官又有着优先发表意见的权力。其他合议庭成员由于前期准备工作不充分,缺乏对案件信息的全面了解,通常在合议庭审判时更愿意接受承办法官先入为主的法律适用意见。三是合议庭成员与承办法官的利益划分难以公平合理,最终影响合议庭长成员的审判积极性,弱化其司法责任感。在法律适用的问题上,承办法官承担了主要的核心庭审工作,主导着合议庭最终意见的形成,同时也承担着比其他合议庭成员更多的审判职责。

第二,合议庭内部司法责任不对等。在三人合议庭中,如果合议庭其他成员与承办法官的意见一致,也就决定了承办法官的意见就是裁判结论。当承办法官与合议庭其他成员意见不一致时,如果除承办法官以外的合议庭其他成员的意见是多数意见,合议庭其他成员则需要承担比承办法官更重的责任。为了减轻自己的责任风险,合议庭其他成员通常把自己变成少数意见者,如果承办法官已是少数意见者而其他法官是多数意见者,除承办法官以外的合议庭其他成员,一般通过改变自身意见达到与承办法官一致的意见,以将自身责任降到最低。不平等的责任承担形式容易导致合议庭成员在合议时缺乏动力,一个不需要对案件审理承担责任或者只需要承担少量责任的法官,在案件审理和评议过程中就无法做到像其他法官一样对案件负责。这种合议庭内部司法责任的不对等对合议庭"审判分离"的形成产生了很大影响。

第三,合议庭将责任"上交"审委会。当合议庭认为一些重大疑难复杂的案件较为棘手时,只要将案件向上提交给审委会,就可以最大限度规避责任或者免除责任。如果合议庭上交审委会的案件出现裁判错误,司法实践中合议庭最终也会因为与审委会共同承担责任而将其责任稀释,最后往往被解释为因对案件事实理解或者认知上的不同而集体免除责任。由于审委会是法院内部的最高审判决策机构,通常不会对审委会追究责任,就算法院外部机构追究审委会的责任,也通常出于对法院队伍的稳定性的考虑而采取比较柔缓、轻微的处罚。尤其在基层人民法院,许多重大疑难复杂案件都被递交审委会决定,这也是合议庭为规避责任的一种现实选择。

通过对以上问题的分析可知,合议庭不均衡的审判责任违反了平等分工、平等负责的基本原则,也进一步加重了非承办法官参与合议庭审判流于形式的程度。我们知道,合议庭成员的审判责任应是平等负担的,只有在特殊案件情形中才能追究不同法官的区别责任。因此,相较于共同而又有差别的审判责任,更应当坚持平等负担审判责任的原则。

(三) 责任追究的适用程序操作困难

审判责任是指法官在履行审判职责的过程中,在职责内对案件质量承担的办案责任。根据我国司法责任制的发展经验,程序责任模式、结果责任模式和职业伦理责任模式都有各自不同的制度适用空间,也有不同的制度缺陷。程序责任模式和结果责任模式更容易被公众认可,但职业伦理责任模式才真正代表了未来的发展方向。如何在不违背司法权本身运作规律的前提下,构建更为科学合理又符合我国实际的司法责任体系,需要综合考量法官的专业化水平、社会公众对司法的认知程度、我国现行法律规章制度所提供的裁量空间等多种因素,就权力主体的行使、监督制约的实施、审判责任的落实等多个方面作出制度安排。

虽然《人民法院审判人员违法审判责任追究办法》规定了审判人员的违法审判应承担的责任,但这些规定大多在实践中无法进行实际操作。司法权的判断权属性与行政权的责任追究方式不同,主要取决于审判责任追究的原则。法官不能保证在每一个司法案件中都充分彰显客观公正,这是因为当待证事实的案件资料是诉辩双方递交的证据材料时,容易被当事人的利益和主张所影响,导致证据信息的真实性、相关性和合理性均无法得到保证。因而,法官对案件事实的认定,需要根据法律逻辑以及审判经验在多种可能性中进行判断与选择。也正因如此,世界各地在设定法官的审判责任时,大都遵循"以豁免为原则,以追究责任为例外"的司法规律,民事诉讼案件中亦是如此。弥补受害人具体遭受的损失是法官判断赔偿金额的重要依据,可以通过评估和司法鉴定的方式来实现,但侵害人在侵权行为事故中的过错责任及其赔付水平、被害人的实际状况等可能影响赔偿金额的因素就需要法官灵活运用实践经验来裁判。不难看出,一个好的裁定依赖于科学合理的法官机制和审判权合理的运行模式来促成,而不是通过过于严苛的错案责任来保障。"一个案件只有一种正确裁定"的观念是非常理想化的。虽然严格的职业训练和较为全面的程序设置能够确保法官最大限度地发现案件的客观真实,但是并不能排除少数案件因证据的欠缺造成案件事实真假不明。由于当事人在向法院递交证据时,常常会出于自身利益的考量而藏匿一些不利于自身利益但能证明案件事实的证据,递交一些有利于自身的证据,这就导致法官对案件事实的判断不可避免地受到当事人递交证据的影响,也让法官发现案件事实真相作出案件裁判的审判过程变得更加艰难。同时,法官对案件事实的判断还受到审理期限的限制,法律法规要求法官必须在规定的审理期限内作出判决,不能为查明案件事实作出无限的推迟。此外,合议庭法官对法律法规、规章制度的理解认识不一致,如何在专业认知范围内对其作出准确有效的表述? 如何在案件事实构成与法律适用中间寻找合适的连接点？这些都取决于法官的知识储备、审判经验与逻辑推理能力等。一般来讲，大学四年的法学教育和职前培训，能够培养法官共通的思维模式和话语体系，在一定程度上排除法律理解上的差异。但不可否认的是，因对案件事实理解和认知上的主观个体差异而导致法律解释上的不确定性，也给法官行使判断权和裁量权留下了制度空间。

我国合议制度规则体系主要是通过最高人民法院制定的纲领性指导文件、发布的一系列司法解释形成的，由于改革的主要推动者是最高人民法院，便使得改革只能在法院这个层面进行，改革方案的设计也难免受制于法院自身的利益本位。依据立法及司法解释的规定，对于审判长的性质、选任、职责，无法确定其到底是一种资格还是一种职务。根据《民事诉讼法》的规定，在院庭长参加案件合议时，审判长被认为是一种职务；而最高人民法院颁布的《人民法院审判长选任办法（试行）》规定，审判长一般在审判员中选任，此刻，审判长又被视为一种资格。正是这样相互矛盾的规定，导致审判长的任期也不能确定。如果审判长是一种资格，他的任期就是"终身"的，如果是一种职务，就存在任期。法律规定了审判长的职责范围，但就如何行使好审判长的职责仅规定"对合议庭遵守案件审理期限制度的情况负责"。另外，法律规定了合议庭成员对案件基本情况、处理结果两个阶段发表意见的先后顺序。合议庭出现错案后，由谁负责和承担责任的大小却没有具体规定。由于责任不明，导致有的合议庭成员工作责任感不强，评议案件时"合而不议"，变相成为独任制度，最终影响案件审判质量。

众所周知，结果责任属于司法行政化的产物。法院的科层化结构间接决定了结果责任问责的方式，科层化结构传递的内在逻辑是上级指令永远是正确的。然而，仅将裁判结果作为认定错案责任的依据，显然违背司法规律，这会导致错案责任的追究范围过于宽泛，甚至出现法官尽可能规避审判风险、转移审判责任的后果，最终造成案件质

量无人负责的局面。当然,程序责任模式相较于结果责任模式对错案
结果的认定更加科学合理,但也存在诸多缺陷,其弊端主要体现为审
判权的独立行使受限。案件审理环节,法官有权依法行使自由裁量
权,但对于程序是否违法的判断标准并没有作出具体规定。最后,法
官采用消极的机械司法方式行使审判权,防止出现程序违法行为,显
然也不是程序责任模式所追求的结果。特别是程序违法必须具备"严
重危害"才被列入追责范围,更加大了追责的难度,导致实际追责难以
实现。因此,在司法实践中,程序追责模式的作用十分有限,不但不能
约束法官严格依法依程序进行审判,反而可能导致法官陷入机械司法
的泥潭中。第三种职业伦理模式在实际操作过程中也面临困境。法
院内设纪检部门与惩戒委直接查办的方式,也会因为法官数量众多、
机构本身非常设等多种因素而导致现实操作困难。任何不受限制的
权力必然导致绝对的腐败,任何没有责任的权力必然导致权力的任
性。审判权作为公权力的一种,虽然其运行方式具有自身的独特性,
但仍然要受到审判职责的限制和约束。与此同时,过度严苛的案件审
判责任,也容易加重法官的审判负担,不但会导致法官优秀人才的外
流,还会迫使法官采用汇报院庭长、递交审委会讨论决定等形式规避
审判责任。可见,不合理的审判责任可能直接影响到合议庭审判权的
独立行使。

二、科层化管理与审判权独立行使之间的张力

科层制将管理人员划分进严格的等级结构,进而稳定组织结构。
从结构功能主义的角度来看,科层制的结构功能会固化阶级差别,进
而形成一种实际上的不平等。科层化管理作为组织管理方式的一种,
在司法管理中发挥了一定的功效,司法制度的建构也离不开传统的科
层体制。与此同时,司法权的判断属性决定了法官必须保持较高程度

的独立性,以确保审判活动的公正性。① 伴随着科层化程度的加深,法官的审判自主权将趋于弱化,它们分别对应不同的权力要求,导致两者之间形成张力。同时,科层化管理与审判权独立行使之间的张力又导致结构紧张,最终转化为改革的内在动力。毋庸置疑的是,科层结构对司法行政管理职能发挥了非常重要的作用。这种垂直领导结构强调一种命令服从机制,通过考评机制有效激励法官工作。即使不设置层级管理,结构内部仍然会依赖上令下从的层级化管理来实现内部治理。由此可见,如果一味地否定科层结构,而不触及其运作的根本条件,转变内部组织形式,那么这种结构的支配地位只会越发强化,成为法院内部秩序的深层结构。② 因此,改革不能满足于变革表层形式,而应当深入研究背后的司法"去行政化"问题,通过权力的重新配置,为司法公正提供体制上的保障。

(一) 审判管理与合议庭独立行使审判权之间的内在逻辑

管理权分为行政管理权和审判管理权。行政管理权是将法官作为行政事务对象进行管理的权力;审判管理权是为提高案件质量和审判效率,院庭长以科学合理配置审判资源、控制审判行为等为手段,对案件质效进行管理的权力。审判监督权是对于已经审结的案件,发现问题后进行程序性补救措施的权力。根据我国宪法、人民法院组织法的规定,审判权的主体是作为集体的人民法院。人民法院与行政机关同样实行首长负责制,院长可以将审判权的权能分为审判管理权和审判实施权,通过审判管理权的行使对审判实施权行使的过程和结果进行指导、监督和管理。院长可以保留全权行使审判管理权和审判实施权的权力,委托法院内的司法人员代为行使审判权,可以委托副院长、

① 王申.科层行政化管理下的司法独立[J].法学,2012(11):133-142.
② 刘忠.格、职、级与竞争上岗——法院内部秩序的深层结构[J].清华法学,2014(2):146-163.

正副庭长或者审判长代为行使审判管理权,可以委托合议庭或独任法官代为行使审判实施权,审判实施权既可以由合议庭或独任法官独立行使,也可以由合议庭与院庭长共同行使。合议庭审判权的权力责任主体本应是合议庭,且权力和责任由全体合议庭成员共同享有。即使有些程序性事项可由合议庭某个法官进行,也应该将该法官的行为视为整个合议庭的行为,其结果和责任仍由合议庭全体承担。在以法官个体为考核评判标准的审判权运行管理机制下,承办法官实际成为个案的责任主体,几乎承包了案件处理的全部事项,合议庭其他成员并没有发挥太大的作用。

首先,在合议庭内部职权的配置上,审判权居于主导地位。审判权是一种判断权,而判断是根据已有的事实证据与既定的法律规则,通过一定的程序产生认知的过程。[①] 审判权的性质决定了合议庭内部的组织构造应当与之相适应,要求法官遵循审判活动的基本规律,坚持中立被动的原则。那么,谁能代表法院行使审判权呢? 在我国,审判组织是审判活动的主体,是人民法院审理案件的重要组织形式。[②]各个审判组织之间程序上相互递进、功能上相互补充,并不发生管理与被管理的关系。[③] 从规范层面上,审判权的独立运行不仅让审判组织的设立呈分权化、水平化,而且让案件裁判过程更加平等民主化。

其次,审判管理权从属于审判权,目的在于保障审判权公正高效的行使。作为一种派生性的权力,审判管理权的本质在于审判组织之间的协调和制约,包括对审判过程的规范、质效的考评、资源的整合等。审判管理权与独立行使的审判权之间是一种相互制衡的关系。实践中,通过优化审判资源、合理配置职权,进而塑造一种扁平化的内部治理结构,以更好地适应审判工作的需要。审委会以院庭长、审判

---

① 孙笑侠.司法权的本质是判断权——司法权与行政权的十大区别[J].法学,1998(8):34-36.
② 蒋惠岭."法院独立"与"法官独立"之辩——一个中式命题的终结[J].法律科学,2015(1):48-55.
③ 胡云腾,范跃如.审判权与审判管理权运行机制研究[J].人民司法,2011(15):45-51.

长为主体,将监督管理职权有机地嵌入到审判权的运行过程中。根据案件的专业分工,组织审判活动、统一裁判尺度、处理各种审判事务等。审判机构的运行模式整体上呈现行政化,实行层级化的组织管理模式和首长负责制的决策方式。① 作为科层管理者,院庭长除依法履行相关审判职责外,还要承担一定的监督管理职责,包括对法官的考核以及对办案质量的监督等行政工作。② 从根本上而言,审判管理权从审判权中分离出来,利用审判资源辅助行政管理,保障审判权的独立运行。③ 但是,这一职权在本质上属于司法行政权,要求在运行方式上采用行政化的上下级领导方式,处理司法行政事务,体现集中化、统一化的核心特征。④ 可以说,审判管理权是一种兼容司法权性质的行政权,属于司法与行政的交叉结合,并呈现出复合性、管理性的特征。⑤

最后,不同的结构类型分别属于行政系统的科层性和审判组织的平权性。司法实践中,一个裁判的生成需要多个审判主体参与,并经过不同层级的复合评价,而且这些主体和层级之间必须具有明确的从属关系。⑥ 在法官的管理上,按照法官等级所建立的单独职务序列,每个法官都被纳入一种等级化的管理体系之中⑦,院庭长充当行政管理者和审判者的双重角色,既可以担任审判长参与案件审理,又可以凭借在行政管理上的权威地位,直接干预合议庭的裁判结果,代行本该由合议庭独立行使的审判权⑧。与此同时,这种行政管理权也随之扩张到审判组织的实际运作中,并呈现出审判组织对审判机构的依附。⑨

---

① 蒋惠岭,郭彦.法院内设机构与司法管理改革[M].北京:人民法院出版社,2018:71.
② 万毅,杨春林.论院庭长的审判监督权[J].思想战线,2016(4):118-123.
③ 徐汉明.论司法权和司法行政事务管理权的分离[J].中国法学,2015(4):84-103.
④ 李志明.司法行政事务管理权配置:历史沿革、现实困境与发展趋势[J].甘肃行政学院学报,2017(1):107-117,128.
⑤ 孙业群.司法行政权的历史、现实与未来[M].北京:法律出版社,2004:166.
⑥ 顾培东.人民法院内部审判运行机制的构建[J].法学研究,2011(4):3-20.
⑦ 贺卫方.司法的理念与制度[M].北京:中国政法大学出版社,1998:120.
⑧ 陈瑞华.司法改革的理论反思[J].苏州大学学报(哲学社会科学版),2016(1):56-64.
⑨ 蒋惠岭,郭彦.法院内设机构与司法管理改革[M].北京:人民法院出版社,2018:72-73.

因此,在正式和非正式制度的共同作用下,原有的独立行使审判权被行政管理的科层制所扭曲,最终异化为一种以等级结构为主的组织结构。①

(二) 合议庭审判管理的组织目标与现实考量

在科层化的组织管理体系及权力配置运行体系中,法院采取科层化的审判管理,对于组织目标的实现是非常有效的。审判管理的主要目的是优化审判资源配置,提升裁判质效,实现审判资源效用的最大化。法院内部的组织结构以审判庭为基础单位,对院庭长赋予不同的级别和权力,通过领导者集中,形成一种金字塔形的权力结构。在法院内部金字塔形的审判权力体系中,院庭长以行政权力对法官进行审判管理,通过绩效考评规制法官的审判行为。②

最高人民法院高度重视审判管理,意图通过完善审判管理,采取审判流程管理、量化审判业绩考评等措施,解决司法实践中裁判质效不高导致审判资源配置不合理等问题。过度释放的合议庭审判权导致院庭长的审判管理权"空转",难以通过"正当"的形式实现对合议庭的有效制约,缺乏有力监督制约的合议庭审判权可能被滥用,由此导致司法腐败的现象。为了改变这种局面,最高人民法院提出加强院庭长的审判管理权,审判管理制度的重心转向案件质量管理。自此,监督制约合议庭审判权成为院庭长审判管理合理化的重要现实依据,审判管理权成为法院内部权力配置运行体系中监督制约合议庭审判权的重要权力。

关于审判管理的内容,主要是对审判活动进行整体调控和重点监督指导。重点包括以下几个方面的内容:关于审判流程的管理、审判

① 张洪涛.司法之所以为司法的组织结构依据——论中国法院改革的核心问题之所在[J].现代法学,2010(1):32-42.
② 韦伯.经济与社会[M].林远荣,译.北京:商务印书馆,2006:279.

质量的管理、审判绩效的考评。① 根据当前审判管理的定位,针对审判管理的现实考量,理论界和实务界对审判管理存在不同的看法。概括起来,主要有以下三种观点:"根本否定说"认为审判不需要管理,审判权的独立运行在行政管理的干扰下反而容易影响审判的公平公正。"相对合理说"则认为审判管理存在一定的合理性,但可能需要作出一些调整和改变以适应新的司法需求。"强化说"认为在目前的司法状况下,强化审判管理有利于实现公正和效率的要求。笔者认为,应当理性、全面地看待审判管理制度的去留问题。理由如下。

　　第一,审判管理在我国目前的司法环境下发挥了积极作用,具有存在的合理性。一是法院内部实行的院庭长"首长负责制"推动着审判管理的刚性发展。院庭长的行政属性是科层体系在审判组织中的重要体现,享有与科层制相对应的权力并承担相对应的责任。院庭长通过审判管理行为将"对上"负责的压力以科层制的方式转移、传导到下属法官的审判行为中,从而控制法院内部的审判质效。二是法院实行的领导责任制实际上是作为科层体系中的上级对下级的职权委任以及下级对上级的责任承诺。通过审判管理,以量化考核的形式对下级法院和法官进行考量,以此引导下级法院和法官的司法行为。院庭长负责领导管理审判业务,下级法院和法官为了适应考评体系,为了在考评、排名中取得竞争优势,必然去迎合量化考核。三是因为法官素养不高会产生错案和腐败,审判管理有利于实现对合议庭审判权的有效监督制衡。② 目前,法官的司法素养和道德职业伦理不足以仅凭自律替代外部监督,过于强调还权于合议庭,可能导致法官自由裁量权的滥用。但是,法院通过科层化的行政指令支配诉讼活动、控制裁判质效明显不符合审判权运行规律。

　　第二,以审判管理监督制约合议庭审判权不具有可持续性,确保

---

　　① 胡夏冰.审判管理制度改革:回顾与展望[J].法律适用,2008(10):11-16;龙宗智.审判管理:功效、局限及界限把握[J].法学研究,2011(4):21-39.
　　② 龙宗智.审判管理:功效、局限及界限把握[J].法学研究,2011(4):21-39.

合议庭审判权的独立运行是改革方向。审判管理制度相比其他治理手段,能够更直接有效地实现对审判质效的控制,在监督管理方面发挥着重要作用。但是,审判管理运作的行政属性和天然的扩张性,极易介入和干扰合议庭审判权的独立行使。建立审判管理制度是当下司法改革过渡时期的目标,改革的长远目标应当是以诉讼程序本身监督制约合议庭审判权的行使。

(三)审判权的行政化管理机制影响合议庭功能的发挥

司法实践中"审者不判,判者不审"的案件管理机制,导致案件经过合议庭审理、评议得出初步裁判意见后可能要经过庭长、副院长、上级法院的请示等多个步骤,因为案件数量庞大而把关者寥寥,每个环节都需要相当的时间排队等待。而且,合议庭在促进案件效率化处理方面作用有限,提交下一个环节之后,前一个环节一般只能消极等待,由此造成个案的处理周期总体上被拖长。另外,合议制度与独任制度适用随意转换导致案件处理的效率太低,给审判带来了诸多负面影响。

第一,审判管理削弱了合议庭群体决策机制。一是冲击了合议庭的决策中心地位。合议庭全体成员共同参与,经过庭审、评议得出的裁判意见只具有基础意义,尚需要经过院庭长等上级更高权威的"把关"确认或者修正才能对外作出裁判。如此一来,此种运行机制下的合议庭决策引入了上级权威,决策流程出现层级体系,并且在程序进行上体现为按部就班式的递进式决策方式,合议庭成员的共同参与只是程序初步运行中一个环节的"半成品",仍需要后续生产环节的"再加工"。合议庭的庭审、评议在整个决策过程中既不是中心环节,也不是最重要的环节,只是提供一个后续决策的样本。二是改变了合议庭成员平等参审的正三角格局。合议庭评议的过程是对案件的证据分析、事实认定、法律适用进行交流、讨论、争辩、协商,按照各自主张的意见进行投票形成集体意见的群体决策过程。承办法官担负合议庭与主管副院长、庭长决策信息沟通的功能,增加其职责的同时,也突显了其在案件办理中的主导地位。合议庭其他成员由于信息不对称,往往在实际履行职责的过程中起到辅助性的作用。三是加剧了合议庭评议的空洞化。司法实践中,合议庭在案件审理过程中共同决策既不可行也无必要。实践中实行的以承办法官为中心的合议庭运行机制,导致承办法官独揽权责、合议庭其他成员职权虚置,对合议庭评议意见的沟通交流并不发生在合议庭评议过程中,而是发生在审判管理过程中。与此同时,通过合议制度多人参与弥补个人思维不足的群体决策优势难以发挥,合议庭成员之间的信息互通、有效论辩、实质评议也难以实现。而且,合议庭的审判权被分享。合议庭的裁判意见往往受到院庭长等领导权威的干扰。在这种情况下,合议庭法官进行充分交流讨论的可能性不大,合议庭决策集思广益的功能形式化。

第二,合议庭法官为规避职业风险而放弃独立裁断。合议庭"承办—把关"的运行机制将法定由合议庭独享的合议庭审判权再次分配,在合议庭成员内部之间进行不均衡分配,并且把合议庭的部分审判权交由院庭长、审委会、上级法院与之共享。当然,在权力二次分配以及由其他主体共享的过程中,与权力相对应的司法责任也随之扩散、分摊。以首长负责制为基础和审判连带责任为特点的、隐含了行政化逻辑的法官考评也使得部分法院领导不敢放手让法官独立审案,而法官基于考评指标的考虑也会尽量推卸责任和规避职业风险。从具体办案人员角度来看,为了规避风险,换取职业利益上的福利和职务保障上的安全,在主观意愿上可以放弃作为裁量主体的独立性,在行为上表现为怠于独立思考提出见解,抵制实质论辩,自愿让渡部分审判权尤其是核心的裁决权。

第三,合议庭法官顺从管理监督而转变思维模式。理论上,合议庭或承办法官办理案件需要运用专业的法律知识分析采信证据,研究案件定性及法律适用。实际上,合议庭或承办法官深入思考、精心钻研提出的处理意见往往只能作为裁判的基础意见，尚需院庭长、审委会予以确认、修改，甚至被否定。逻辑的思维方式和行为方式统筹考虑案件处理的法律效果和社会效果，甚至有时主要考虑社会效果，用一种符合法律规律的行政决策思维模式，压制法学思维模式最终决定了案件裁判结果。处于此种司法场域下的法官，其法学思维模式受到打压和排斥，为了顺从此种管理监督机制，法官逐渐放弃作为法律人的法学思维模式，向行政决策的思维模式靠近。

三、结构分化：科层制的线性延伸

一个良好运行的司法制度必须与政治保持一定的距离，同时对政治权力的实施具备一定的监督制约作用。两者之间的这种张力不仅有助于促进科层制政治的规范化管理①，还有利于实现司法自身的自治性。一方面，法官可以对司法案件的处理保持一定的自主性；另一方面，为保障审判权依法独立行使的要求，还应当限定政治权力对审判权的监督边界。审判权的独立行使是司法公正的重要保障。审判组织是法官行使审判权的重要载体，法院审判权的独立行使主要建立在审判组织依法独立行使审判权的基础之上。从当前司法实践分析，合议庭独立行使审判权遭遇行政化阻碍，因此，在当前合议制度改革中，众多学者提出要改革审委会制度，也有学者提出要还权于合议庭，让审判权独立行使。理论上，法院无论是在司法裁判还是司法行政管理方面，都不该受外部因素的干扰。合议庭的法官作为裁判主体独立行使审判权，这是审判权行使的诉讼原理与司法规律使然。

---

① 杨建军.法治国家中司法与政治的关系定位[J].法制与社会发展,2011(5):13-29.

（一）新的等级层次产生

对于合议庭来说，审判长负责制改革、主审法官负责制改革就是在现有结构层次上的新增等级层次。只要是管理，就存在组织和层级，附带而来的就会产生决策问题，这是科层制的组织规律。① 对于一些不成熟的审判体系，会需要有一些"补强"的管理机制进行充实完善。合议庭法官审判能力上的不足，导致其审判权在司法实践中不断被削减。法官的审判能力直接影响合议庭整体的审判能力，进而影响在合议庭审判过程中成员之间的"话语权"的大小以及合议庭审判权的独立行使。由于审判能力不一，合议庭法官在面对一些复杂疑难案件或新型案件时也存在许多不确定性，常常面临外部对其审判能力的怀疑，合议庭由于形势所迫向更高层级的审判权力寻求指导，导致合议庭以外的权威进入案件裁判过程，分化了合议庭独立完整的审判权。

第一，院庭长作为所在单位和部门的行政负责人，担负管理和监督的双重职责，不同职责对应的角色极易发生混同。因此，在履行审判监督管理职权时，需要严格依法依程序行使。在审判管理和审判监督角色混同的问题上，针对院庭长监督职责不清、交叉行使等情况，要继续深化审判职权配置与运行机制去行政化改革，明确院庭长在监管中的角色定位和转变，杜绝其以管理角色参与监督，为法官在独立审判与接受监管约束之间找准平衡点；要巩固内设机构改革成果，通过审判组织模式变化，打破原有机构层级化管理权力体系，通过去行政化和扁平化，促使院庭长在审判管理权力分配和管理模式上实现角色转换，减少以管理代行监督的不当干预和法官独立行使审判权的制度障碍，让其从行政化管理思维与事务性工作中解放出来，淡化其与法

① 苏力. 审判管理与社会管理——法院如何有效回应"案多人少"？[J]. 中国法学，2010（6）：176-189.

官间的行政层级关系。

第二，以审判长为核心的合议庭内部结构失衡。合议庭的三名法官分别为审判长、主审法官、合议成员，这使原本应享有同等地位和权力的合议庭法官分为三级，合议庭内部形成了新的层级结构。审判长有权审阅并签署合议庭其他成员作出的裁判文书，有权对合议庭裁判文书表述部分存在的问题作出决定、指导、监督。主审法官作为合议庭里相对固定的法官，负责除审判长主持案件以外的主要或者核心工作；除审判长和主审法官以外的合议成员在合议庭中的定位类似法官助理；合议庭内部形成了审判长安排工作并指导监督主审法官和其他合议成员，主审法官安排工作任务并指导合议成员的新型层级结构。这样，将改革前庭长管理监督的职权分配给审判长，审判长的组织协调职能部分分配给主审法官，而其他合议成员则要完成大量的审判辅助工作。由此，合议庭成员之间的话语权强弱悬殊更加明显，平等合议、共同协商决策的功能也更加难以发挥。与此同时，合议庭职责失灵的现实可能性依然存在。虽然明确区分了审判长的审判监督管理职责和合议庭成员各自的职责，但仍然保留了院庭长调整合议庭组成人员、决定是否将案件提交审委会讨论、提议召开专业法官会议等实质干预合议庭审判权独立运行的监督管理权，由此可见，合议庭审判权的独立行使仍有被干预的现实可能。

（二）审判管理与审判权配置体系之间的紧密联系

合议制度是审判权的组织和实现形式，审判管理被视为合议制度审判程序公正有序的必要保障，嵌入审判权的运行机制中，是程序运行的重要装置。虽然承办法官的裁判意见对裁判结果的形成可能占据主导地位，但还是可能受到来自合议庭其他成员、审判长联席会议、院庭长甚至审委会的影响，根据《最高人民法院关于人民法院合议庭工作的若干规定》第十条和第十一条，"承办法官的意见"具有被"审判长的意见"替代的可能性。又如,根据该规定第十六条和第十七条,正副庭长的意见也可能进入案件裁判的最后结论性意见中。再如,根据"审判委员会议事规则",审委会的意见也存在替代合议庭意见成为结论性意见的可能性。^①"领导"对案件性质和法律适用等重大疑难问题把关,在一定程度上加剧了审判分离的局面。

审判权由合议庭垄断变为由合议庭与其他程序参与者共享,院庭长的建议权、否决权,审判长的"附加"审判权,都体现为对案件程序的一种把关机制。合议制度要求合议庭成员平等协商、共同裁判,而我国实践运行中承办法官独揽审判权,审判长侵占审判权,院庭长把关、审委会研究讨论案件等监督程序的设置,导致本应由多人参与的合议庭同步协作机制异化为层层把关机制,形成"承办法官—审判长—院庭长—审委会"多个层次、多个层级的审判权共享主体。每个层次、每个层级都被赋予不同的职责分工,将合议庭审判权分配给各层级不同的权力金字塔运作。在科层化的审判权配置运行模式下,合议庭审判权的多层级、多层次配置以及程序运行的多步骤全部分支整合为一个有意义的整体。按照法律及其相关司法解释,院庭长作为法院的组织管理者应当承担与审判工作相对应的审判监督管理职责。同时,院庭长的审判管理权必须严格控制在权限范围内,并做到全程留痕;除参加审委会、专业法官会议外,院庭长不得发表任何与案件相关的意见。不同层次、不同步骤的审判权主体通过书面记录的方式将资料汇总并保留归档形成案件卷宗。对合议庭的审查把关都需要对卷宗资料信息进行整合和扩充。以卷宗为基础的合议庭审判偏重逻辑法条主义而摒弃了经验主义。

任何制度的规则文本及其背后的目的意图都是理想状态下的"应然"状态,而规则文本在实际运行中生成的"潜规则"等非正式制度构成了制度的"实然"状态。我们对制度运行的考察更应该关注制度的

---

① 陈卫东.司法机关依法独立行使职权研究[J].中国法学,2014(2):20-49.

"实然"状态。在权威和高效价值的引导下，制度的适用主体会自然而然地对正式制度进行选择改造，以便形成更符合实际运行的非正式制度。司法实践中自发形成的一系列非正式制度架空了规范层面的合议制度。① 这些非正式制度授权院庭长等非法定审判权主体分享合议庭的审判权，虽然制度运行的结果整体上维持了审判质效，但非正式制度运行面临的"形合实独""审判分离"等弊端离合议制度的设计初衷越来越远。

---

① 傅郁林.司法责任制的重心是职责界分[J].中国法律评论,2015(4):169-174.

第五章　优化与整合：
合议制度的价值回归与权责统一

  在组织社会学中,组织的结构与组织的功能是紧密相关的,一定的组织结构,需要通过组织功能的形式体现;而一定的组织功能,又必然依赖于一定的组织结构才能产生。[①] 基于上文中对合议制度中西方起源和特征的比较分析可知,受我国改革环境的影响,合议制度主要体现为两种不同的价值目标,一种强调合议庭成员平等协商,以实现民主价值和公正价值为目标;另一种则强调等级权威,以高效审判维持司法秩序为目标。审判组织形式与不同权力结构的制度形式相结合,科层型权力组织与管理程序对应,协作型权力组织与审判职能相对应。[②] 那么,组织结构如何成功塑造既有的审判体制? 如何平衡审判权的独立行使与司法行政管理的关系? 解决上述问题成为改革合议制度的关键。在民主价值和公正价值的指引下,构建科学的审判运行机制,以建立规范有序的合议制度为基础,理顺合议庭内部成员之间以及与院庭长、审委会之间的关系,修正其形式化、行政化和权责不统一的问题。

[①]　刘祖云.组织社会学[M].北京:中国审计出版社,中国社会出版社,2002:251.
[②]　达玛什卡.司法和国家权力的多种面孔:比较视野中的法律程序[M].郑戈,译.北京:中国政法大学出版社,2015:10-20,62-74,127-234.

一、结构优化:组织形式的民主公正保障

任何组织性的结构都由科层结构和扁平结构两个部分共同构成①,合议制度也存在等级结构因素和扁平结构因素,根据两者的配比程度不同,形成结构差异。一种满足行政管理的要求,在结构上主要体现为以权威和高效为价值追求的科层化等级;另一种与专业的审判权相适应,结构上强调审判组织的平权性。因此,在合议庭成员之间,主要是与民主价值和公正价值追求相适应的扁平结构,集中体现为合议庭共同裁判案件遵循平等表决原则,强调法官享有平等的审判权。从院庭长、审判长到承办法官的科层化管理结构,注重对组织高效和权威的追求,强调成员间的上令下从。由此,隶属型科层结构的行政系统与独立型平权结构的审判组织在合议制度的实际运行中发生交叉和混同。在各种因素的综合权衡下,原有的扁平结构逐渐被行政管理的科层制所扭曲或替代,从而异化为一种以等级结构为主的组织结构。② 在某种意义上,司法行政化的实质就在于科层组织的运作逻辑控制了司法程序的运行。③

(一) 合议制度的民主与公正价值重塑

民主公正与权威高效,一个作为合议制度追求的价值目标,一个作为现实的理性选择,两者既存在共性,又存在一定程度上的区别与对立。其中,民主公正的实现需要一定的效率来维持,或者说,司法效

---

① 维尔.宪政与分权[M].苏力,译.北京:生活·读书·新知三联书店,1997:322.
② 张洪涛.司法之所以为司法的组织结构依据——论中国法院改革的核心问题之所在[J].现代法学,2010(1):32-42.
③ 付磊.我国司法科层制的建构路径及其背景透视[J].财经法学,2015(5):68-77.

率所追求的是以最经济的方式来实现公正的目标。① 如果案件久拖不决，即使事后证明裁判公正，也难以让民众认同其司法价值。与此同时，司法公正也可以用来衡量司法效率的产出价值。② 随着社会分工的不断细化，越来越多的案件被诉至法院，纠纷数量的急剧增长与法院目前解决纠纷的能力不成比例，烦琐漫长的诉讼程序与持久的诉讼过程，进一步加剧了司法效率低下问题。于是，在现有的司法需求环境下，追求高效权威的价值目标已成为制度的理性选择。管理职能以效率为目标满足不断增长的司法需求，又以公正为导向来适应制度环境的要求。在现有条件下，如何平衡权威高效与民主公正之间的关系，成为合议制度改革的关键。

结合上文对合议制度的价值分析，笔者认为可以通过改革回归合议制度的基本价值属性。司法改革是一个循序渐进的过程，不可能一蹴而就。合议制度改革最终要实现公正价值和民主价值，换句话说，无论是发挥合议制度的群体决策优势，还是提高合议制度处理疑难案件的能力，都需要满足合议制度的两大基础价值。如果不以合议制度的价值实现为目标，而只以充分发挥合议制度群体决策优势、提高合议制度处理复杂案件的能力为目标，就很容易陷入一叶障目不见泰山的情形，过于注重具体的问题解决，找不到问题的根本源头，导致改革进度过于缓慢。因此，合议制度的改革需要以公正价值和民主价值为核心进行制度构建。至于如何实现合议制度的公正价值和民主价值，笔者认为，要建立实体公正与程序公正相统一的合议制度，确保合议制度自身的程序设置符合程序正当性的要求，未经法定合议程序评议的案件不得作为定案的依据。实体公正要保障经过合议的案件在事实、证据和裁判结果上没有错误。同时，合议制度需要彰显民主价值，让合议庭经民主评议得出的案件裁判结果能得到诉讼双方当事人和

---

① 万毅，何永军.司法中公正和效率之关系辨正——兼评刑事普通程序简易审[J].法律科学，2004(6):27-33;钱弘道.论司法效率[J].中国法学，2002(4):48-56.

② 邢鸿飞，侯玲.论我国司法制度的价值取向[J].学术界，2017(7):152-162,326.

社会公众的认可。

合议制度运行以民主公正为基本目标。因为司法与行政这两种权力性质的差异,司法权体现的是维护公平正义的理念,科层行政官僚制所体现的是权威高效的功利主义价值追求,分别对应其审判职能和行政管理职能。[①] 合议制度需要在有限的司法资源下,通过民主公正的方式解决纠纷,确保审判组织运作的权威高效。随着越来越多的案件涌入法院,这种价值追求也有助于解决案件久拖不决的问题。但是,不应片面追求司法效率而忽略当事人的基本诉讼权利,不能一味地强调高结案率而忽视审判质量。[②] 为平衡民主公正与权威高效之间的价值冲突,实现司法资源的优化配置,司法实践中法院将一些本由合议庭审理的简单案件交给独任法官审理,以达到司法效益的最大化。现阶段,在具体的审判方式改革中,强化合议庭的审判职能要求合议庭成员分工负责,积极履行自己的审判职责。与此同时,在外部体制方面,实行案件繁简分流,限缩合议庭的适用范围,减少其审判工作量,建立相对流动的专业合议庭,提高审判质效。

合议制度应充分发挥群体决策的优势,彰显民主价值。如果案件经过合议之后其审判质量与独任审判相比没有任何区别,则意味着合议制度的价值没有得到明显体现。合议制度最根本的源泉在于其民主性。民主性的力量从何而来?合议制度的历史发展表明,合议制度的民主价值来自其本身内在的平等协商,而平等协商是由于其制度体现的民主价值与社会发展的一致性。当然,合议制度的落实与合议成员之间的认同程度、职业地位以及法官职业道德等密切相关。对于民主的共同追求让合议庭成员在制度运行过程中平等协商、各抒己见,凝聚成一个"审判的共同体",以此回应公众对法治与正义的期待,推进司法实践中民主价值的实现,提高社会整体的现代化程度。司法制

---

① 王申.司法行政化管理与法官独立审判[J].法学,2010(6):33-39.
② 刘练军.司法效率的性质[J].浙江社会科学,2011(11):67-74,157.

度是用来调整和规范社会关系的,一项制度只有得到广大社会公众的普遍认可和接受,才具有正当性。因此,我们在对制度进行改革时,需要尊重民众的意志,让民众参与到制度创制过程中。在司法活动中,吸收人民陪审员进入合议庭,审理案件时参考民众的意志,让司法裁判更具民主性。合议制度的首要价值是民主价值,合议制度作为一个载体存在,制度所存在的问题与运行不当息息相关。在合议制度中,民主价值作为首要价值,在价值位阶上比其他价值更为明显和突出。如果承办法官垄断了案件信息的来源,合议庭其他成员只能在法庭上被动地听取案情,这种基于不对称信息资源上的合议很难摆脱形式民主的范畴。只有实现合议制度的实质民主,平衡各价值之间的基本关系,才能重新架构我国司法合议制度。

我国合议制度改革在司法实践中取得了一定的成效。案件承办制度改革,可以缓和多年以来困扰法院已久的人案矛盾问题,减少合议庭成员的重复劳动,提升审判质效。在我国审判资源趋于紧张的情况下,通过改革优化司法资源的合理配置,可以有效提升案件审判质效。这虽然有其进步的一面,但也产生了诸多问题。承办法官承担案件审理过程的庭前准备工作并完成法院裁判文书的起草,这种情况下,承办法官已经承包了全部实际性的审理工作,合议庭审理事实上与独任庭审理并无实质差别。改革实施以后,案件审理质量与诉讼效率虽然有所提高,但仍然没有达到预期目标。一方面,司法实践中案件通过层层审批的做法并没有完全被废止,遇到重大疑难复杂案件仍然需要向上级法院请示汇报如何作出处理决定。另一方面,虽然错案责任追究制约束了法官的行为,但错案责任追究制本身不够完善,加上法官职业保障的不充分,所以还权于合议庭的改革初衷没有得到真正实现。审判责任制改革造成只有主审法官、承办法官或者审判长负责案件的实际性审理工作,缺乏合议庭其他成员的真正参与,发挥集体审判的功效难以实现,合议庭理应共同承担的审判责任简单化为个别成员的审判责任,合议制度的民主价值没有真正得到体现。另外,行政化倾向也并没有得到彻底有效的解决。审判长责任制下的审判长，在司法实践中成为类似庭长之下的新一级副庭长层级，不仅要承担组织、协调等职责，还要对案件的裁判质量把关，在增加了行政管理成本的同时，还可能造成审判权与审判管理权的混乱，也无法真正实现合议制度的公正价值。

（二）案件分流程序分类限缩合议制度适用

世界上大多数国家均实行合议制度，尤其是大陆法系国家。在国外，合议制度作为审判制度的一种基本制度，适用的范围并不广泛。

在美国，在诉讼案件数量、司法人员数量大量增加的司法环境下，合议庭裁判的效率和质量问题也引起了研究者的关注。[①] 我国也同样面临诉讼需求的迅速增长与司法资源增长有限的现实压力，现有的司法资源难以为合议制度提供有效的制度供给，导致司法实践中基层人民法院被迫对合议制度进行变通适用。例如，在审判案件范围上，只有少数重大疑难复杂案件由合议庭审理，大部分案件实际上都是独任法官审理，但上诉案件大多采用合议制度进行审判。借鉴国外审判组织形式上的案件裁判经验，英美法系国家初审主要为独任审判，大陆法系国家合议制度在基层人民法院中的适用更为广泛。这里需要说明的是，英美法系国家受历史文化传统因素的影响，对法官个体十分信任，所以，案件审理采用独任制度比大陆法系国家更为广泛。[②] 大陆法系国家因采用职业法官制，使用合议制度会更多。从现代法治发展的进程看，我们必须认识到，无论是英美法系国家还是大陆法系国家，伴随法官整体职业水平的提升，合议制度的适用范围均呈现不断缩减的趋势。

---

① Cohen J M. Inside Appeal Court：The Impact of Organization on Judical Decision Making in the Unite States Courts of Appeals [M]. Ann Arbor：The University of Michigan Press，2002：211-221.

② 波斯纳. 联邦法院挑战与改革[M].苏力，译.北京：中国政法大学出版社，2002：89.

面对与日俱增的司法需求与有限的司法资源间的紧张关系,我国基层人民法院只能采用"形合实独"的变通办法,扩大适用独任制度、限制适用合议制度,通过独任制度与合议制度司法人力资源的内部转化来实现纠纷解决资源的"合理"配置,从而提高司法效率。法官员额制推行以后,在案多人少的压力下,如果继续将大多数案件交由合议庭审理,明显不利于司法资源的有效配置。随着责任制的推行,法官个体独立行使审判权也得到了充分保障。在当前人案矛盾成为基层人民法院急需解决问题的情况下,为有效提高司法资源的合理配置,独任制度为主、合议制度为辅的审判方式必然会成为基层人民法院的最优选择。总结来说,合议制度难以承载过高的制度期待,缩小合议制度的适用范围成为基层人民法院的必然选择。我国对审判组织改革的讨论主要是以合议制度为标准向前推进的。然而,从基层民事合议制度运行的统计数据来看,立法规定的合议制度适用范围明显过大,法律对合议制度的期待太高,已超出合议制度能承受的范围。一方面,以合议制度为主的审判组织形式已无法应对案多人少的现状,只能通过繁简分流扩大独任制度适用范围的方式缓解诉讼压力。另一方面,从促进司法公正的视角看,基层人民法院以合议制度为主的审判方式并不能有效提高案件的审判质量,甚至还会导致审判资源更加紧张。实践中,合议庭审判职能不仅被承办法官一人取代,也带来了严重的司法资源浪费。虽然现行《民事诉讼法》规定民事诉讼实行以合议制度为主、独任制度为辅的原则。然而,这一规定在基层人民法院人案矛盾突出的情况下很难得到真正落实。

为了优化审判资源的合理配置,提高审判质效,缓解日益严重的人案矛盾问题,实行繁简分流是目前最为有效的改革措施。2020年施行的《民事诉讼程序繁简分流改革试点实施办法》扩大了独任制度的适用范围,体现了立法适应司法并将更好地指导实践。为充分发挥诉讼外纠纷解决机制的作用,应建立案件繁简分流机制。立案部门在分配案件时根据案件类型、法律关系复杂程度等因素将案件进行分类处理,案件分流、程序分类,最大限度提高审判效率。简单案件适用独任制度或者合议制度用简易程序进行审理,疑难复杂案件由合议庭通过普通程序进行审理。同时还应该设置程序之间的转化机制,有些表面上看似简单的案件,如果具有特殊的法律意义,那么就应该将其转化为合议制度进行审理;如果标的额较大但是法律关系简单、争议不大的案件,适用简易程序即可。另外,为推动诉讼与非诉讼纠纷解决机制相衔接的改革,还可以在基层人民法院设立小额程序庭或简易庭,集中处理简单案件。为了发挥繁简分流提升审判质量的功效,规定根据案件的繁简程度分别适用独任制度和合议制度是非常必要的,但缺乏繁简分流的匹配型制度考虑。一方面,法律抽象地规定案件在审判形式上一般实行合议制度,只有一些符合条件的少数案件才能适用独任制度,这种与现实不符的制度规定让原本应该推行独任审理的案件迫不得已采用合议制度。另一方面,这种法律规定又将独任制度与简易程序的适用标准相结合。现阶段,案件的复杂程度是区分独任制度和合议制度的适用标准的重要指标,也是区别普通程序与简易程序适用标准的重要依据。事实上,该标准在立法上不具备任何合理性,因为程序的适用范围应综合内在、外在等多种因素,即程序体现的人力、司法资源、时效等诉讼成本都是多元化的,但对审判组织适用范围的划分,正常情况下只需要考虑案件的繁简程度,标的额大的按规定不可以适用简易程序,但标的额大的案件不一定是疑难复杂案件,因而无法将两者完全等同。这种适用标准的混同会导致司法实践中适用合议制度审理案件的承办法官又将其虚化为"形合实独"的合议制度。

　　为解决诉前分流效果不显著导致大量案件进入审判程序的现状,可通过扩大简易程序的适用范围,完善小额诉讼程序,健全速裁机制等举措提高诉讼容量缓解分流困境。① 在繁简分流的基础上,优化协

---

　　① 李杰.应对司法资源不足的思路与制约因素[J].法律适用,2011(3):20-23.

同高效原则,合理配置审判资源,提高诉讼效率,形成明确的职权分工,探索实行审判权和行政管理权的相对分离等。[①] 同时,为避免案件久拖不决的现象,应改进审判管理方式,完善审判绩效考评体系,建立可视化管理机制等。[②] 一言以概之,司法效率集中体现为审判效率,无论是优化内部职权配置,还是改进审判管理模式,都是效率原则在改革中的体现。

　　笔者认为,改革之后的合议庭审理案件范围应该大致与审委会研究讨论案件的范围保持一致。通过实施保障合议制度实质化落实的配套措施,促使合议庭成员共同参与审判,实现对案件的集体负责,以此激活合议庭的案件审判机能,防止合议制度流于形式。为解决"形合实独"的现实困境,推动"以合议制度为主,独任制度为辅"向"以独任制度为主,合议制度为辅"转型,让"独任制度为主,合议制度为辅"制度化、法定化,其理论基础是以"独任制度为主"的组织形式与程序简化审理的模式具有内在的契合性,"合议制度为辅"对审判制度的组织建设、"独任制度为主,合议制度为辅"与繁简分流改革的实施一脉相承。与此同时,"独任制度为主,合议制度为辅"也是现代国际化发展趋势。但在制度实施层面,应推进"独任制度为主,合议制度为辅"的审理原则、健全独任制度向合议制度转化的程序规则、完善与繁简分流改革程序相应配套的衔接机制。

(三) 组织结构塑造的平等化机制

　　合议制度的法理基础和制度逻辑在于其民主性、平等性,这种特性主要体现为合议庭内部成员地位平等、相互尊重、独立判断。那么,如何通过改革的方式维护合议制度存在的民主根基?让合议制度的

---

① 最高人民法院关于全面深化人民法院改革的意见——人民法院第四个五年改革纲要(2014—2018).法发〔2015〕3 号.

② 邹碧华.法院的可视化管理[M].北京:法律出版社,2017:11-14.

宗旨和目的经过成员之间交流意见、论证说服得到真正实现？可见，内化制度民主性对于制度本身的建设至关重要。

第一，案件审理信息不对称上的改革。案件审理信息的不对称是导致其他合议庭成员对案件审判的实际参与度有限的重要原因之一。只有在案件信息对称基础之上的合议才能确保集体智慧的充分发挥，保障合议庭民主评议、裁判结果的公平公正。建立在不对称信息基础之上的合议容易导致裁判结果的单方向偏移，造成掌握信息较全面的承办法官在合议庭审判中主动权较大，具体表现为当合议向着该承办法官的相反意见的方向发展时，其可以通过透露部分信息扭转其发展方向来达到自身目的。因此，建立在不对称信息基础之上的合议可能导致合议庭审判难以实现真正意义上的实质民主。合议制度民主化改革的一个重要环节是将不对称信息转变为对称信息，让合议庭成员在信息共享的情形下实现真正的审判合议。案件审理是一个持续性的过程，案件信息以开庭前后为界线，可以分为前续信息和后续信息。要做到前续信息公开意味着开庭之后合议庭已基本掌握全部信息，但实践中合议庭成员由于各种原因往往无法做到充分阅卷，这是导致信息不对称的主要原因。避免这种问题的出现需要强制性规定合议庭成员独立阅卷。一方面，卷宗内容共享。卷宗是获取案件信息最直接的渠道，卷宗内容共享为信息对称创造了条件。目前，实践中承办法官的工作任务太多，有时候难免出现阅卷信息的遗漏和偏差，如果其他合议庭成员完全通过承办法官的汇报来了解案情，很容易造成因信息来源误差而引起裁判错误。另一方面，案件信息分析共享。案件信息分析共享的目的是让合议庭成员平等地提出并共享自己对案件的看法。因此，合议庭成员进行适当的分工协作，不仅能够提高审判质效，还有助于充分发挥群体决策。

第二，发言与表决民主化。合议庭审判不是强势个人意见的表达，尽管承办法官基于对案件工作的负责对案情的了解更加充分，但也并不影响其他合议庭成员独立平等地发表意见。"还权于合议庭"

是合议制度改革的关键环节。因此,确有必要将评议的规则进行优化,对合议庭成员的少数意见必须依据民主规则对其进行处理。例如,建立基于职位或者审判经验的发言顺序规则,审判经验较少的法官或者没有行政职级的法官先发言,在由人民陪审员组成的合议庭中,由人民陪审员先发言,职业法官再发言。同时,实行阶段性评议,依次按照"意见表述—讨论案情—裁判表决"三个阶段进行评议,并在会议讨论结束之后的一定时间内就自己已经发表的意见补充相关书面陈述。当然,具体到司法实践中,讨论和表决的两个阶段根据实际情况进行区分,特别是在民主氛围浓厚的场域下也可以灵活进行操作。此外,完善表决规则。少数服从多数原则应当进一步细化,可以考虑区分不同案件情况分别实行多数意见原则、全体一致原则。评议案件出现争议时应严格遵循表决规则,作出裁判结论,禁止合议庭主动或被动地对依据规则作出的评议结论再次进行复议或提交研究讨论。

第三,建立相对流动的合议制度。建立相对流动的合议庭制度有利于发挥合议制度的群体决策优势。合议庭作为我国最为典型的合议组织形式,大多数法院都倾向于采用相对固定的组成形式。在审判长制改革后,一旦审判长确定下来,合议庭组成成员就相对固定。这种现象在基层人民法院更为普遍,重大疑难复杂案件由专职法官组成合议庭,人数不够的情况下由人民陪审员补充参与合议庭审判。并且,基层人民法院的合议庭不仅人员结构相对固定,而且很大程度上其组成形式也是唯一的。与此同时,合议庭成员的不平等地位与组成形式的固定化也紧密相关。当合议庭固化为一个相对固定的审判组织,审判长就成了该审判组织的直接领导。三个人组成的合议庭中,一开始大家是平等的,但如果其中一个法官经验比较丰富,对案件的贡献率大,其他法官经验不足,长期搭配,能力强的法官就会慢慢主导合议庭的意见,因此弱化这种固定搭配,建立相对流动的合议组织更有利于保持合议庭的平等性。

　　第四，公开少数人意见。完善异议意见公开，避免合议庭审判流于形式，促进合议庭实质化。合议庭最后作出的裁判文书不能只有多数意见，还需要对少数不同意见予以公开。合议庭中持少数意见的成员，需要对公开出来的少数意见进行解释说明。一方面，有利于当事人和社会民众理解和认同审判结果依据的科学性。并且，能够有效防止合议庭中强势地位的行政主体淹没少数人的声音，有效维护合议制度中的民主价值。另一方面，在裁判文书中公开合议庭成员的不同意见，有利于当合议庭裁判出现错案追究时，能追责到具体个人，也是对合议庭成员的一种监督，进一步形成健康的合议审判机制。

二、结构整合：权责分明与扁平化管理

　　从制度改革的逻辑出发，可以发现，合议制度内部关系改革的焦点在于如何合理分配合议庭成员的责任。司法责任制改革，通过一种责任明晰化的方式将监督与放权有效结合起来，一方面，突出合议庭的办案主体地位；另一方面，逐步减少法院内部的行政化色彩，改变"审判分离""合而不议"的局面。在合议制度改革的过程中，我们经历过主审法官负责制、审判长负责制，目前到了合议庭负责制。不管怎样，改革始终离不开"负责制"这一概念，而且合议庭成员如何负责、负什么责，一直是审判制度改革中的焦点。合议制度实际上是民主集中制原则在具体审判实践中的运用，合议庭通过集体审判的方式认定案件事实和适用法律。从案件审理的行为主体看，审理案件的主体不是案件的承办法官或合议庭个别成员，而是合议庭全体成员。因此，责任的合理分配需要坚持共同原则，即在审判长的组织下集体行使裁判权，各成员通常不能单独进行与案件裁判有关的活动。

（一）健全合议庭审判权运行机制和审判责任制

随着合议庭审判统一、权责统一的审判责任制的确立,深化合议制度改革,合议庭运行的监督制约机制也应重置,合议庭内部监督制约机制应当成为主要的监督方式。关于责任在合议庭内部如何进行合理分配的问题,笔者认为,应坚持"责任自负"的原则。如果案件在审判实体方面出现裁判错误,需要与合议庭成员审判过程中的职责相对应,也就是成为多数意见得出错误裁判结果的成员应分别承担责任,发表正确意见或者其他意见的成员不应当承担责任。对审判责任的追究应该持有"审慎"的态度,遵循实事求是、权责统一的原则;同时要保护法官的积极性,保障司法公正与效率。明确合议庭各主体的行为责任,保持权力与责任的对应、行为与责任的统一。案件被认定为错误的,由合议庭成员共同承担责任。根据合议庭成员的过错程度、对裁判结果错误所起作用的大小等追究具体的审判责任。如果原合议庭成员彼此之间意见不一致,应该在对具体案件的具体情况分析研判之后,方可作出追究责任的结论。

落实合议庭办案责任制,明确规定合议庭成员的认定程序及其责任划分标准,倒逼合议庭成员共同参与审判和评议,发挥合议制度的群体决策功能。为了避免错案责任的追究被滥用,应当将错案救济与错案追究明确区分,避免损害审判权的独立行使。[①] 同时,认定司法责任的标准不能偏离宪法和程序法的具体规定,应加强对法官的履职保障。根据上文分析论述,法官责任制度的结果责任模式、程序责任模式和职业伦理责任模式这三种模式都有各自的局限性和实施障碍。在吸收这三种责任模式合理性的同时,从裁判结果、诉讼程序以及职业伦理三个方面对这一制度进行重新整合,可能是目前较为现实的改

---

① 傅郁林.司法责任制的重心是职责界分[J].中国法律评论,2015(4):169-174.

革路径。同时应当注意以下几个要素:首先,对法官责任的追究应避免"裁判结果中心主义"的唯一选择。其次,错误的裁判结果不应完全等同于上级法院认定的撤销裁判结果,对法官责任的追究应当从"以存在主观过错为前提"走向"以违反法律规定为依据"。最后,依据法官职业伦理规范,加强对法官违反职业伦理行为的惩戒。

1. 调整优化合议庭成员的职责

合议庭成员的审判责任是法院系统内部对法官裁判行为作出的责任约束,并将其作为评定法官主要工作业绩的重要依据。审判责任追究的关键在于确保案件实体处理结果的公平公正。在我国,学界很早就关注到了司法实践中的合议制度问题。但对于如何改革的问题,不同学者的看法各不相同。有学者提出,可以将案件承办法官定位为合议庭的"委托代理人"①,在其委托权限范围之内代表合议庭完成审判工作,案件的裁判结果需要由合议庭全体作出,审判责任也要由合议庭全体承担。也有学者认为,应当取消案件承办责任制,但在合议庭审判过程中可以保留承办法官的职位,具体审判工作要求在审判长的指导下完成,审判责任由合议庭共同承担。还有学者提出,应当实现审判长与承办法官对位,通过细化合议庭评议规则、建立合议庭连带责任机制等健全合议庭负责制。从某种意义上来说,我国合议制度改革的核心内容归根到底就是明确案件的责任归属问题。由此可见,深化我国合议制度改革,必须重新对审判责任作出合理分配。一方面,明确合议庭的权责范围,贯彻落实合议庭作为法定的审判组织对审理活动应该共同承担审判责任。不仅需要保证合议庭成员单独表达意见,也要确定其履行个人职责在案件审判中的责任。另一方面,明确合议庭成员的权力边界和责任界线。合议庭组成人员应当地位平等、权力平等。审判长尽管比其他合议庭成员拥有指导等岗位职

---

① 傅郁林.司法责任制的重心是职责界分[J].中国法律评论,2015(4):169-174.

责,但在案件审理层面与其他合议庭成员基本没有本质的区别,其权力责任是相当的。为确保法官自由地表达意见,不遭受不合理责任的追究,应该从法律层面规范合议庭成员承担审判责任的规则、明确法官承担审判责任的类型、严格追究法官审理案件的审判责任。在判断法官是否需要承担审判责任以及承担何种审判责任时,应密切关注法官的外在个人行为,对于裁判结果显著违反法律规则、事实认定显著违反法律标准的行为给予追究。同时,促进权责明晰与权责统一的融合。

第一,合议庭成员的审判责任取决于合议庭成员间的相互关系。有权力才有责任,合议制度设立的初衷,是让持有不同意见的法官在评定环节深入交流,务求得到比较公正客观的意见,充分运用集体力量确保审判质量。合议庭集体行使审判权,代表合议庭成员互相配合、合理分工、共同决策。与合议庭集体审理案件相匹配,审判责任制改革至少应坚持合议庭作为一个整体对案件的裁判结果承担责任,否则将不利于集体履行审判职责,甚至可能导致合议制度异化为独任制度。同时,它还包括三个方面的内涵:一是合议庭集体裁判并不要求合议庭全体成员在审判工作中对所有事项亲力亲为,而是要求合议庭成员间有次序、有职责地分工合作。针对庭前准备、开庭审理、撰写文书等相关工作,不可能由全部合议庭成员承担,只需要由一个核心成员主导案件相关审判工作的开展,如案件的主审法官或者审判长,其他合议庭成员在其组织下履行裁判职责即可。二是合议庭成员尽管在职责和分工上各有不同,但合议庭成员对案件的共同裁判权决定了各成员对案件具有平等的参与权与决策权。职业法官与人民陪审员之间已经形成了较为清晰的权责边界。职业法官与人民陪审员共同对案件的事实认定承担责任,假如意见不统一,按大多数人意见对案件事实作出认定的同时,少数人的意见也应写入案件笔录。三是应该设定科学合理的规则制度以确保少数服从多数原则的贯彻落实。

第二,审判责任的设置与合议庭的审判管理职责相适应。原本应由案件主审法官对其单独实施的行为承担审判责任,合议庭的其他成员对共同审判的行为承担责任,当然,持否定意见的除外。从某种意义上说,考核制度是导致合议制度现状的主要原因。在组成合议庭的情况下,如果按照个人划分案件,合议庭审理的案件则由个体法官承担责任。比如,案件分到具体的承办法官名下,承办法官需要承担全部的案件审理工作,一旦出现裁判错误,除非承办法官能证明自己对造成差错的结果完全没有任何过错,否则需要独自承担审判责任。随着法院审判人员分类管理改革的实施,审判资源配置也需要进行相应调整。除突显主审法官的主导作用之外,合议庭成员能够实现各司其职、共同合作,充分发挥合议制度的价值功能。一是合议庭的所有成员都需要对案件的裁判过程和结果负责。经审理得出来的裁判结论代表了合议庭的整体意见,理应由所有合议庭成员共同承担责任,因为最终的裁判结果并不是合议庭某个法官的单独意见。这种合议机制决定了合议庭全体成员依照审理程序对案件的裁判结果共同承担责任。二是合议庭内部成员可依法单独对其审判个人行为负责。因合议庭成员之间有职责分工,被分给某些个别法官负责的工作可以由其独立进行,如果因其审理工作发生错误的,则应当由负责该项工作的法官负责。三是主审法官或者审判长对合议庭成员的审判工作负责。案件的主审法官或者审判长作为合议庭审判工作的组织者,需对合议庭成员之间的具体分工、组织审判工作等事项负责。如果造成不当后果,案件的主审法官或者审判长应该为其失职行为承担相应的责任。

第三,合议责任的共同承担。法官承担责任的前提是案件由法官本人判决。而司法实践中受地方化、行政化影响严重,裁判的结果并不总是法官本人的意思表示,如果案件质量出了问题,却要法官个人承担,是非常不公平的。在审判责任制改革中,分别由不同身份的法官担任合议庭审理案件的主导者角色。在案件承办制中,由承办法官负责案件的主要审判工作,并且对案件的裁判结果承担责任。其体现出承办法官在合议庭中的重要性,相较于审判长或者合议庭的其他成员,承办法官的影响更大。虽然合议制度在实际运作中存在承办法官垄断审判权的现象,致使合议制度如同虚设,但是目前大部分观点依然认为以案件承办法官为中心的合议庭审理模式是符合集体审判规律的,应予以保留。裁判结果由持有与之相同处理意见的合议主体承担。现阶段的主要做法就是对承办法官追究责任,对于其他合议庭成员免除责任,这也加重了承办法官的审判压力。案件主要由承办法官负责审理,审判责任由承办法官承担,其他合议庭成员的参与感和话语权也大大降低。这种追责机制还可能导致其他合议庭成员对合议的内容和结果极度不负责等现象。要避免这些问题,就要改变合议制度的追责机制,笔者认为,当合议出现裁判错误时,原则上应该由参与合议的所有成员共同承担责任,但是这一责任不能强加到持少数意见或者相反意见的合议成员身上。

2.强化审判责任追究机制

《司法责任制意见》对法官责任模式作出了系统规定。《司法责任制意见》第 25 条和第 26 条将结果责任和过程责任统一规定为违法审判责任,并要求法官对其审判职责范围内的案件质量终身负责;对于职业伦理责任,则规定依其他规范另行实施。同时,《司法责任制意见》第 28 条对法官被追责情形作出了细致规定,法官对事实和法律适用的专业认知范围内的不同观点不再成为追责的理由。因此,应依照权责统一的原则,明确合议庭的免责条件和办案责任,实现保障体系与惩戒机制的有机结合。实行职权、责任的清单式管理,让合议庭内部职责分工明确,尊重合议庭独立行使审判权。

第一,强化问责制度,优化合议法官责任追责程序。加强合议庭、审委会的办案责任制,做到权责统一。将院庭长直接编入合议庭,探索一个合议庭即为一个审判庭的组织模式。公开合议庭所有成员的意见,让合议庭审判过程更加公开透明。同时,强化合议庭审判责任追究机制，实现合议庭审判权责统一。加强对合议庭审判权的监督和制约，努力将外部制约因素转化为合议庭内部的制约因素，使外在职业纪律和惩戒措施转化为法官经常性的自我约束。

第二，完善审判权的监督制约机制。一是明确院庭长行使案件审判监督权时的程序性规则及其责任承担，利用信息化技术做到全程留痕。二是要求审委会的办案过程体现审理制的特点。将审委会改革成类似合议庭的审理机制，审委会需事先阅读合议庭的审理报告，了解合议庭对案件事实认定部分与适用法律部分的主要意见之后，再根据案件需要调阅庭审视频。三是合议庭全体成员应列席审委会会议，对案件的具体情况作出补充说明。

第三，加强法官培训，提升素质，统一理念。最高人民法院非常重视法官职业培训，在《最高人民法院关于全面深化人民法院改革的意见——人民法院第四个五年改革纲要》中强调，推进法院人员的专业化建设，加强法官在职培训。现代法治国家需要综合素质较高的法官，而加强法官培训是提高法官职业素养的重要保障。司法对于现代法治国家具有特殊的意义，一个国家的法官素质在很大程度上决定着国家的司法文明进程。现有法官的整体素养问题是限制合议庭职能发挥的最大制约因素。同时，应建立科学的法官培训机制，加强法官的职业道德建设，统一法官司法审判理念，促进法官之间的交流，提高法官队伍整体职业素养。

（二）协调科层化管理与审判权独立行使之间的冲突

如何让科层化管理与审判权的独立行使兼容？司法责任制改革要求建立权责统一的司法体制，改变权责配置不合理的问题。因此，推进机构改革，精简整合内设机构，实行扁平化管理，成为实行司法责任制的题中应有之义。① 我国法律明确规定,审判组织代表法院独立行使审判权,审判组织享有独立、完整的审判权,同时对其审理的案件独立承担责任。众所周知,保障合议庭独立行使审判权是司法公正的前提。这个前提不明确,就很难建立起真正符合审判规则的审判管理机制。宪法规定,人民法院依法独立行使审判权,不受任何行政机关、社会团体和个人的干涉;从其内在逻辑可以推断,法院行使审判权是通过法官组成的审判组织——合议庭完成的。在合议庭中,合议庭成员的审判权是独立行使的,对案件独立发表意见并作出判决,最终根据多数人的意见作出裁决。合议制度充分体现了民主集中制的原则,集体参与案件的审理并对案件作出评议和裁决,保障合议庭能够充分发挥集体智慧的优势,防止法官因个人偏见而作出错误的裁判。合议庭去行政化的最大障碍主要来源于法院内部,而不在于法院外部。一方面表现为合议庭内部的等级化,另一方面表现为院庭长的干涉。因此,应建立以合议庭为基本单位的扁平化组织模式。我国法院的现有内部组织结构以业务庭为主导,由院庭长分管,要改变这种层级管理模式需要取消业务庭制,组成以合议庭为基本单位的法院组织模式。这就要求科层制审判组织、科层化审判管理、科层性审判运行机制向组织化运行、扁平化管理的方式转变。建立由法官、书记员和法官助理组成的优质审判团队。同时,推行扁平化管理模式,变革法院的监督管理模式,弱化传统法院的科层化色彩,有效提高审判质效。

1.优化审判权运行机制,提高审判权有效配置

管理权强调等级和个人权威,讲究服从,审判权强调平等和集体协商,讲究民主公正。司法实践中,为建立审判权集中运行机制,让审判主体拥有相对独立完整的审判权,改变审判权被人为分割成不同主体分别行使的情况,应从审判资源的合理配置开始,给予基层人民法

---

① 黄文艺.中国司法改革基本理路解析[J].法制与社会发展,2017(2):5-25.

院更多审判权配置的自主性,加强合议庭的审判职责,消除审判组织的科层化缺陷,构建权责统一、运行高效的审判组织载体,在审判权力运行机制改革中"去行政化"。按照"让审理者裁判,由裁判者负责"的原则,优化各类审判组织职权配置,明确各审判主体间的权责关系,规范合议庭、院庭长、审委会、司法辅助人员等各层级间的职权边界,建立以合议庭依法独立行使审判权为核心的工作机制,确保审判统一、权责统一。

区分审判权和审判监督管理权,对审判长的审判管理权实行权力清单制度和全过程追溯制度,规范其边界和效力,保留其必要的监管权。深化审判公开,完善审判管理。理顺合议庭与审委会、上级法院等外部关系,消除外部因素对合议庭审判权独立行使的不当干扰。院长的审判监督职责不得超越界限,不得涉及案件的实质性裁判事项。落实合议庭办案责任制改革,防止院庭长审判管理权的重新回归。实行权力清单制度,明确院庭长和审判长审判管理权的范围和边界。庭长的审判管理权仅限于处理程序性事项,召集并主持法官联席会议等;院长的审判管理权主要是指院长领导全院的审判管理工作,协调相关管理事项。主管副院长负责依照法律规定和院长授权对案件审理中的程序性事项作出决定;根据院长授权主持审委会会议;协调重大审判活动的组织工作和其他审判管理事项。审判长的审判管理权仅限于组织协调日常审判工作;中级以上人民法院专业合议庭审判长负责组织专业领域的专业研究指导、统一裁判标准等制度建设;落实院庭长交办的其他审判管理事项。审判管理权基于其服务审判权的属性,应明确其权力边界,管理人员不得干预实体审判。为了防止审判管理权与审判权相混淆,妨碍审判权的运行,法院可明确专门工作人员协助院庭长处理行政事务。

首先,厘清合议庭与院庭长之间的关系。院庭长参加庭务会议讨论重大疑难复杂案件时,可以对案件进行监督和指导,但不能随意改变合议庭的决定。如果院庭长要直接行使案件裁判权,应当通过参与合议庭的方式行使。院庭长的职责是对合议庭的审理工作进行宏观指导和监督、总结审判经验等。目前,授予院庭长对法院裁判文书的审核和签发是非常必要的,也有助于监督和指导,但需加以规范。院庭长的职责是当合议庭成员意见不统一或者合议庭审判出现改判时,进行业务上的指导,但不能直接要求合议庭按照其意见裁判。

其次,理顺合议庭与法官会议制度之间的关系。从司法实践来看,法官会议制度从某种意义上说是对审委会制度的成功转型,当然,一个定位科学的专业法官会议制度也将有助于合议制度改革的完善。专业法官会议制度作为加强合议庭内部司法民主平等对话的新平台,不仅可以过渡提交审委会的案件,优化司法资源合理配置,提高审判质效,还有利于减少审委会对合议庭独立行使审判权的干预,成为缓和两者之间关系的重要纽带。

最后,完善专业法官会议制度。司法改革取消了法院多年的院庭长审批案件机制,虽然传统的院庭长审批案件机制存在非常大的弊端,阻碍了合议庭审判权的独立行使。但必须肯定的是,院庭长案件审批机制在司法裁判尺度统一的问题上发挥了一定的作用。在法院取消案件审批机制之后,目前司法实践中的主要做法是探索专业法官会议制度。因此,作为司法改革的最新制度成果,法官会议制度改革充分发挥办案咨询职能,是合议庭办案过程中的专业智慧锦囊,有利于确保合议庭依法独立行使审判权。但是,目前专业法官会议制度还不够完善,专业法官会议制度改革毕竟缺乏相应的制度配套衔接,法院审判组织受多年行政化层级的影响,很难完全彻底消除。另外,虽然该会议并不影响合议庭独立行使审判权,但会议结果也没有强制约束力,意见是否采纳完全取决于合议庭,实践中发挥的作用有限。

2.尊重合议庭的主体地位,保障审判权独立运行

尊重合议庭的主体地位,明确合议庭成员的审判职责,确保权责统一;推动法官由过去的常态化请示汇报案件,进一步向法官、合议庭

依法独立裁判转变。任何情况下,院庭长都不得直接随意更改或者要求合议庭更改案件的实体裁判结论,但对合议庭审判过程中不涉及实体处理意见部分存在明显错误的行为,有权要求合议庭予以纠正,落实合议庭对案件审理的程序性事项决定权,确保审判权力运行机制符合司法规律。

保持合议庭独立,首先要确保法官个体的独立。审判权的独立行使需要依赖法官内心的独立信仰,法官内心对法律的信仰通过个案判决显现出来,是衡量司法文明发展水平的重要依据。如果法官在晋升、惩戒等方面完全受制于某一个人或者组织,法官很难依法独立完成审判工作。从以审判为中心的角度出发,合议庭独立行使审判权必然要求合议庭的所有成员都实质性地参与到案件审判当中。审判权的独立行使在通过合议制度审理案件的过程中主要体现为合议庭审判权的独立行使。案件的审理由司法程序和非司法程序的共同运作完成,这一运作的总和即审判权,这就要求审判法官负责指挥案件总的诉讼流程。法官独立行使职权是现代法治国家普遍认可的法律准则,不管是分权制衡还是权力集中式国家,法官独立是实现规则之治、建设现代法治国家的必要环节。事实上,法官独立行使审判权还应当有具体的制度保障。笔者认为,应该严格法官的准入门槛,构建法官职业化队伍,健全法官职业保障制度,非经法定事由法官不得随意移调等。

(三) 转型扁平化管理与减少管理层次

随着新一轮司法改革全面启动,机构改革成为综合配套改革和落实司法责任制的重点内容之一。"审判分离"、审判效率上的"内卷"都需要结构整合来调整制度体系,形成清晰合理的分工协作体系。① 科

---

① 余晓龙.法院内设机构扁平化塑造的内在逻辑与实践路径[J].重庆理工大学学报(社会科学),2020(5):138-148.

层制组织作为一种权威组织形态,相对而言,通过简化组织结构,减少中间管理层级,强化权责对等的分权式管理,以更广泛、更开放的沟通建构起一种非等级的协作机制。① 法官员额制的实行将对现存的法官群体进行筛选和分层,原本附加在混同意义上的人事行政管理、审判监督管理将失去正当性,审判更需要的是扁平化管理模式。② 法院正在积极探索建立专业法官会议等扁平化管理形式,强调法官的主体地位,防止外部因素通过管理介入审判,影响法官独立行使审判权。③

实行扁平化管理主要在于通过增加管理幅度、减少管理层次,以达到提高组织工作效率的目的。④ 无论是行使审判职能,还是从事行政管理,形成合理的分工协作机制,提升审判质效,为优化科层化管理和划分审判权界限提供了诸多启示。针对"层层审批""审判分离"的现象,通过实施司法责任制改革,增强法官审理案件的亲历性,实现权责统一。健全合议庭办案机制,落实办案主体地位,通过实行错案责任追究制和案件质量终身负责制,"把放权与监督有效结合起来",以一种责任明晰化的方式改变行政化的审判管理模式,确保法官依法独立公正行使审判权。⑤ 优化协同高效原则、精简整合内设机构、实行扁平化管理是落实责任制的重要方式,不仅有利于对审判权运行机制的有效监督管理,还有利于推进审判职能优化、内部管理扁平化。⑥ 这两种结构的运作模式,反映了现代公权力的需求变化。⑦ 扁平化要求尽可能地减少一些中间管理层,以达到简化结构的目的。团队化和分权

---

① 郭彦.优化 协同 效能:人民法院内设机构改革的成都实践[M].北京:人民法院出版社,2018:29-31.

② 敬乂嘉.政府扁平化:通向后科层制的改革与挑战[J].中国行政管理,2010(10):105-111.

③ 李道芳.扁平化管理与管理的变革[J].合肥学院学报(社会科学版),2005(4):104-106.

④ 中央机构编制委员会办公室、最高人民法院关于积极推进省以下人民法院内设机构改革工作的通知.法发〔2018〕8 号.

⑤ 黄文艺.中国司法改革基本理路解析[J].法制与社会发展,2017(2):5-25.

⑥ 深入贯彻落实党中央决策部署 扎实推进省以下人民法院内设机构改革[N].人民法院报,2018-06-16.

⑦ 敬乂嘉.政府扁平化:通向后科层制的改革与挑战[J].中国行政管理,2010(10):105-111.

化是扁平化结构的制度优势,通过团队的形式来完成任务,按照任务流程组织成员进行自我管理,调动成员的积极性,共同协作,完成目标内容。① 当然,这种结构也存在一定的局限性,权力过于分散化,增加了组织控制的难度,内部成员的晋升机会较少。

---

① 郭彦.优化 协同 效能:人民法院内设机构改革的成都实践[M].北京:人民法院出版社,2018:30.

结　语

　　近年来推行的审判权运行机制改革、司法责任制改革的核心内容与合议制度紧密相关,只有健全完善符合我国国情的审判权运行机制,才能为现代合议制度提供良好的运行场域,充分发挥合议制度的预设功能。因此,本书着力从合议制的制度层面以及审判权运行、审判管理等要素进行理论分析,由于合议制度是按照"审判—管理"二元架构来实现权力运行的,故改革的关键就在于理顺审判权与审判管理权之间的关系。

　　合议制度的运行呈现"审判—管理"的二元模式,围绕审判职能与管理职能,如何协调审判与行政管理之间的关系,涉及合议制度权责的分配和运行。司法实践中,合议庭"形合实独""合而不议"的问题尤为突显,审判分离受外界多因素干扰等问题更是普遍存在。院庭长和审委会参与案件的审理和裁判,影响了合议庭审判权的独立行使,制约了合议庭民主价值的发挥。基于"审判—管理"二元模式,合议制度运行以民主价值和公正价值为基本目标,有别于行政机构追求权威价值和效率价值的目标。这两种不同的制度逻辑,实际支配着改革的方向。合议制度就整体而言仍然呈现出形式化、行政化、权责不统一等现实问题,要回归合议制度的公正价值和民主价值,实现合议庭独立行使审判权,就必须理顺合议庭审判权内部运行机制,保障审判权依法公正行使,明晰合议庭审判责任的承担。本质上,改革是一种组织结构的优化与整合。制度纵向管理形成了一种科层化的"线性构造",从审委会、正院长、副院长到庭长、副庭长层层延伸,通过严格的等级关系加强对合议庭内部的监督管理,科层化管理与审判权独立行使之间的张力进一步成为合议制度改革的内在动力。

组织社会学的视角主要是从外在观察者的角度分析合议制度运行的逻辑和方式。当一种制度嵌入社会结构与社会环境之中时,这种制度就被打上了社会环境与社会文化的烙印。[①] 随着新一轮司法改革的展开,推进扁平化管理机制,建立以审判为工作重心的内设机构模式,通过整合优化各主体间的职能分工,进一步理顺审判与管理之间的关系,将实现纠纷解决的高效与公正,向社会输送司法正义。

---

① 李汉林,渠敬东,夏传玲,等.组织和制度变迁的社会过程——一种拟议的综合分析[J].中国社会科学,2005(1):94-108.

参考文献

[1]鲍姆.法官的裁判之道:以社会心理学视角探析[M].李国庆,译.北京:北京大学出版社,2014.

[2]博登海默.法理学——法哲学及其方法[M].邓正来,姬敬武,译.北京:华夏出版社,1987.

[3]波斯纳.法官如何思考[M].苏力,译.北京:北京大学出版社,2009.

[4]步洋洋.中国式陪审制度的溯源与重构[J].中国刑事法杂志,2018(5):88-99.

[5]蔡枢衡.历史上定罪和处刑的分工[J].法学研究,1980(4):38-44.

[6]蔡彦敏.断裂与修正:我国民事审判组织之嬗变[J].政法论坛,2014(2):38-49.

[7]曹炜.熊静.司法改革语境下的法官会议探析[J].法律适用,2015(9):25-29.

[8]柴发邦.民事诉讼法学[M].北京:法律出版社,1987.

[9]陈光中,王迎龙.司法责任制若干问题之探讨[J].中国政法大学学报,2016(2):31-41,158-159.

[10]陈继红.合议庭评议规则的细化[N].江苏经济报,2013-12-11.

[11]陈莉."形合实独"的实践困局与制度转型——以基层法院的民事诉讼程序为对象[J].南京大学法律评论,2019(1):273-291.

[12]陈瑞华.司法裁判的行政决策模式——对中国法院"司法行政化"现象的重新考察[J].吉林大学社会科学学报,2008(4):134-143,160.

[13]陈瑞华.司法权的性质——以刑事司法为范例的分析[J].法学研究,2000(5):30-58.

[14]陈瑞华.刑事审判原理论[M].北京:北京大学出版社,2003.

[15]陈瑞华.刑事诉讼的中国模式[M].北京:法律出版社,2008.

[16]陈瑞华.刑事诉讼中的问题与主义[M].北京:中国人民大学出版社,2013.

[17]陈瑞华.员额制改革的新课题[N].人民法院报,2017-04-12.

[18]陈卫东.司法机关依法独立行使职权研究[J].中国法学,2014(2):20-49.

[19]陈卫东.司法责任制改革研究[J].法学杂志,2017(8):31-41.

[20]陈兴良.独立而中立:刑事法治视野中的审判权[J].华东政法大学学报,2007(6):3-17.

[21]陈学权.人民陪审员制度改革中事实审与法律审分离的再思考[J].法律适用,2018(9):28-34.

[22]陈永辉.最高法院发布二五改革纲要[N].人民法院报,2005-10-26.

[23]陈增宝.合议制的原理与规则基于群体决策理论的检视[J].法律适用,2008(5):49-52.

[24]陈忠林.司法民主是司法公正的根本保证[J].法学杂志,2010(5):23-27.

[25]达玛什卡.司法和国家权力的多种面孔:比较视野中的法律程序[M].郑戈,译.北京:中国政法大学出版社,2015.

[26]丁朋超.试论我国民事诉前证据保全制度的完善[J].河南财经政法大学学报,2015(6):113-124.

[27]丁朋超.我国民事合议制度内部关系的再改革[J].时代法学,2016(6):82-93.

[28]丁朋超.我国民事专业合议庭的再改革[J].行政与法,2016(2):67-75.

[29]董石桃.西方民主政治的发展及其反思——基于制度史和思想史的宏观考察[J].湖北社会科学,2009(7):34-38.

[30]杜赞奇.文化、权力与国家:1900—1942年的华北农村[M].王福明,译.南京:江苏人民出版社,2010.

[31]樊传明.陪审制导向何种司法民主?——观念类型学分析与中国路径[J].法制与社会发展,2019(5):89-112.

[32]范明志.当前司法改革的方向与逻辑[J].法制与经济,2016(8):30-31.

[33]范愉.人民陪审员制度与民众的司法参与[J].哈尔滨工业大学学报(社会科学版),2014(1):4,50-55.

[34]冯之东.司法改革背景下的专业法官会议制度研究[J].甘肃政法学院学报,2017(1):82-96.

[35]傅郁林.繁简分流与程序保障[J].法学研究,2003(1):50-63.

[36]高其才.乡土社会、伦理传统、法治实践与能动司法[J].哈尔滨工业大学学报(社会科学版),2012(3):20-25.

[37]格林豪斯.大法官是这样炼成的:哈里·布莱克门的最高法院之旅[M].何帆,译.北京:中国法制出版社,2011.

[38]公丕祥.能动司法:当代中国司法的基本取向(上)[N].光明日报,2010-06-24.

[39]宫澎.从现行审判运行机制存在的缺陷谈对完善合议制度的认识[J].河北法学,2002(3):64-67.

[40]顾培东.再论人民法院审判权运行机制的构建[J].中国法学,2014(5):284-302.

［41］广东省高级人民法院研究室理论研究小组.法官办案责任制的健全和落实［J］.人民司法,2014(7):61-66.

［42］郭亨杰.《心理学》——学习与应用［M］.上海:上海教育出版社,2001.

［43］郭瑞,杨晓玲.审判委员会制度的反思与重构［J］.重庆师范大学学报(哲学社会科学版),2010(5):109-116.

［44］郭毅.让合议制更加名副其实起来［J］.山东审判,2011(2):84-86.

［45］韩玫.强化合议庭职责是审判方式改革的关键［J］.人民司法,1999(2):7-8.

［46］汉密尔顿,杰伊,麦迪逊.联邦党人文集［M］.程逢如,等译.北京:商务印书馆,1980.

［47］贺荣.尊重司法规律与刑事法律适用研究［M］.北京:人民法院出版社,2016.

［48］贺小荣.如何牵住司法责任制这个牛鼻子［N］.人民法院报,2015-09-23.

［49］胡留元,冯卓慧.夏商西周法制史［M］.北京:商务印书馆,2006.

［50］胡夏冰.法官办案责任制的理论逻辑［N］.人民法院报,2014-05-22.

［51］胡学军.独任制扩张的内在逻辑——兼评《民事诉讼法》修订中审判组织形式的变革［J］.社会科学辑刊,2022(3):90-100.

［52］胡玉鸿."人民的法院"与陪审制度——经典作家眼中的司法民主［J］.政法论坛,2005(4):146-156.

［53］胡玉鸿.司法公正的理论根基——经典作家的分析视角［M］.北京:社会科学文献出版社,2006.

［54］胡云腾,范跃如.审判权与审判管理权运行机制研究［J］.人民司法,2011(15):45-51.

[55]黄双全.民事诉讼法比较[M].福州:福建人民出版社,1999.

[56]黄明耀.合议庭职责和院庭长裁判文书签发权限制度的完善[J].西南政法大学学报,2008(3):85-94.

[57]季卫东.司法体制改革的目标和评价尺度[N].人民法院报,2017-04-05.

[58]季卫东.责任制改革应符合司法规律[N].人民法院报,2016-04-17.

[59]季卫东.制度化反腐与"司法国家"[J].检察风云,2015(2):32-33.

[60]江必新.论合议庭职能的强化[J].法律适用,2000(1):12-14.

[61]江必新.审判管理与审判规律抉微[J].法学杂志,2011(5):79-83,144.

[62]江平.新世纪、新视角、新境界——寄语新世纪的中国比较法学[J].比较法研究,2001(1):1-3.

[63]江启镇.合议庭横向运作机制研究[J].福建法学,2011(1):61-67.

[64]江伟.民事诉讼法[M].北京:高等教育出版社,2000.

[65]江伟,肖建国.民事诉讼法[M].北京:中国人民大学出版社,2000.

[66]蒋惠岭.管理层面上的合议庭负责制[N].人民法院报,2008-02-26.

[67]蒋惠岭.合议制改革若干焦点问题[J].人民司法,2008(21):4-6.

[68]蒋惠岭.论审判组织制度改革的理论出路[J].政法论坛,2022(5):53-65.

[69]康天军.我国法院合议制度的现状与完善[J].东南司法评论,2010(0):273-286.

[70]克拉玛德雷.程序与民主[M].翟小波,刘刚,译.北京:高等教育出版社,2005.

[71]乐国安.法律心理学[M].上海:华东师范大学出版社,2003.

[72]李昌超,詹亮.合议庭评议制度的理性反思与制度建构[J].湖北民族学院学报(哲学社会科学版),2017(3):115-120,166.

[73]李春霖,潘永隆.中国新民事诉讼法学通论[M].北京:北京出版社,1991.

[74]李德顺.价值论[M].北京:中国人民大学出版社,2007.

[75]李浩.合议制实在化的又一重要举措[N].人民法院报,2010-02-03.

[76]李后龙.优化人民法院职权配置的思考[J].人民司法,2009(13):80-83.

[77]李建明.错案追究中的形而上学错误[J].法学研究,2000(3):87-94.

[78]李立丰.司法民主与刑罚适用[M].北京:中国政法大学出版社,2015.

[79]李敏.司法改革:从机制到体制的全面深化 访最高人民法院司改办主任贺小荣[J].中国审判,2013(12):72-75.

[80]李强.马克斯·韦伯法律社会学中的方法论问题[J].法制与社会发展,2007(1):73-81.

[81]梁桂平.论专业法官会议的功能定位及运行模式[J].法律适用,2016(8):95-100.

[82]梁忠前.审判工作改革问题刍议[J].西北政法学院学报,1986(4):45-50.

[83]刘红宇.逐步改革完善合议庭制度[N].人民法院报,2016-03-10.

[84]刘连义."纵向"合议的中国式改造与路径——以中、基层法院的合议现状为视角[J].司法改革论评,2016(1):125-135.

[85]刘武俊.人民陪审员制度改革重在解决"陪而不审"难题[J].中国党政干部论坛,2015(7):77.

[86]刘琰囡.论合议庭"形合实独"的现状与出路[J].河南科技学院学报,2017(9):87-91.

[87]刘忠.格、职、级与竞争上岗——法院内部秩序的深层结构[J].清华法学,2014(2):146-163.

[88]刘忠.规模与内部治理——中国法院编制变迁三十年(1978—2008)[J].法制与社会发展,2012(5):47-64.

[89]龙宗智.审判管理:功效、局限及界限把握[J].法学研究,2011(4):21-39.

[90]龙宗智.庭审实质化的路径和方法[J].法学研究,2015(5):139-156.

[91]吕娜娜.人民法院内部审判权运行机制重构若干问题探析[J].前沿,2014(ZB):99-103.

[92]吕世伦.西方法律思潮源流论[M].北京:中国人民公安大学出版社,1993.

[93]罗昶.中国古代司法的观念和制度略论[J].法制与社会发展,2009(2):101-108.

[94]马骏驹,聂德宗.当前我国司法制度存在的问题与改进对策[J].法学评论,1998(6):25-39.

[95]迈尔斯.社会心理学[M].侯玉波,等译.北京:人民邮电出版社,2006.

[96]孟昭文,邱伯友,胡崇安.轻微刑事案件快速办理的现状分析[J].法学,2010(3):154-159.

[97]苗炎.司法民主:完善人民陪审员制度的价值依归[J].法商研究,2015(1):121-128.

[98]潘剑锋.从民事审判权谈民事审判方式改革[J].法学家,2000(6):77-82.

[99]彭海青.我国合议庭评议表决制度功能缺失之省思[J].法律科学(西北政法大学学报),2009(3):131-135.

[100]棚濑孝雄.纠纷的解决与审判制度[M].王亚新,译.北京:中国政法大学出版社,1994.

[101]钱锋,高翔.审判管理制度转型研究[J].中国法学,2014(4):93-102.

[102]任鸣.最高人民法院发布《人民法院第四个五年改革纲要》[J].法律适用,2014(8):122.

[103]上海市闵行区人民法院课题组.司法责任制背景下审判监督管理的路径转型[C]//上海市法学会.《上海法学研究》集刊(2019年第12卷总第12卷)——闵行区法院卷.上海:上海市法学会,2019.

[104]沈杨,殷勤.实施错案"终身追责"应注意区隔"责任豁免"[N].人民法院报,2015-04-01.

[105]沈宗灵.现代西方法理学[M].北京:北京大学出版社,1992.

[106]石东洋,刘新秀.人民法院合议庭运行机制的困局及破解——以基层法院民事案件审判为分析视角[J].理论研究,2014(4):53-58.

[107]苏宝芳,董益民.简论弃权[J].学术论坛,2003(1):41-44.

[108]苏力.论法院的审判职能与行政管理[J].中外法学,1999(5):36-46.

[109]孙瑞灼.审判独立是司法公正的前提问题[J].政协天地,2007(5):55.

[110]汤火箭.合议制度基本功能评析[J].河北法学,2005(6):126-128.

[111]田有成,李承蔚.法官的改革[M].北京:中国法制出版社,2014.

[112]托克维尔.论美国的民主[M].董果良,译.北京:商务印书

馆,1989.

[113]汪习根.司法权论——当代中国司法权运行的目标模式、方法与技巧[M].武汉:武汉大学出版社,2006.

[114]王光龙.裁判文书签发制度的思考[J].山东审判,2003(2):61-62.

[115]王利明.深化司法体制改革 确保依法独立公正[J].法制资讯,2013(11):50-51.

[116]王利明.司法改革研究[M].北京:法律出版社,2001.

[117]王盼,程政举.审判独立与司法公正[M].北京:中国人民公安大学出版社,2002.

[118]王琦.论陪审制度的民主性[J].河北法学,2003(2):142-145.

[119]王韶华.合议制改革之我见[N].人民法院报,2014-11-26.

[120]王申.司法行政化管理与法官独立审判[J].法学,2010(6).

[121]王武瀛.论原始社会的组织管理[J].陕西师范大学学报(哲学社会科学版),1993(2):34-41.

[122]王延亮.陪审制度政治价值与司法价值的协调与平衡——以陪审权的运行为视角[J].法律适用,2009(5):60-64.

[123]王震."由裁判者负责":法官司法责任追究制度的重构——以司法责任制改革为背景[J].福建警察学院学报,2015(5):1-7.

[124]王仲云.合议庭制度的几个基本理论问题探析[J].当代法学,2003(7):155-157.

[125]韦伯.经济与社会(上卷)[M].林荣远,译.北京:商务印书馆,1997.

[126]魏胜强.错案追究何去何从?——关于我国法官责任追究制度的思考[J].法学,2012(9):55-64.

[127]吴光前.当前独任庭适用存在的问题及完善[J].法律适用,2005(12):70-71.

[128]吴如巧,宋东,向治冰.从"法官会议制度"看我国法院"去行政化"的困境与破解[J].探求,2015(6):64-71.

[129]夏皮罗.法院:比较法上和政治学上的分析[M].张生,李彤,译.北京:中国政法大学出版社,2005.

[130]信春鹰,李林.依法治国与司法改革[M].北京:中国法制出版社,1999.

[131]徐胜萍,张雪花.司法改革语境下合议制度理论的借鉴与重构[J].法学杂志,2017(12):98-106.

[132]徐昕,黄艳好,汪小棠.中国司法改革年度报告(2013)[J].政法论坛,2014(2):82-102.

[133]杨朝永.民事审判合议制度研究[D].重庆:西南政法大学,2016.

[134]杨雷.群体决策理论与应用——群体决策中的个体偏好集结方法研究[M].北京:经济科学出版社,2004.

[135]姚奎彦,李季红,刘希婧.庭长应往何处去——现有组织管理模式反思下庭长功能的改造[C]//最高人民法院.全国法院第二十六届学术讨论会论文集:司法体制改革与民商事法律适用问题研究.最高人民法院:国家法官学院科研部,2015.

[136]叶榅平.论我国合议庭制度的完善[J].法商研究,2010(6):127-134.

[137]优化程序　厘清属性　做好衔接　充分发挥专业法官会议制约监督作用[N].人民法院报,2020-12-24.

[138]于晓虹,王翔.政法传统中的人民陪审:制度变迁与发展逻辑[J].学术月刊,2021(7):105-120.

[139]袁坚.司法合议制度研究——以一审公诉案件合议庭的运作为视角[D].重庆:西南政法大学,2011.

[140]张德淼,周佑勇.论当前我国实现司法正义的条件和途径[J].法学评论,1999(1):25-31.

[141]张晋红.关于独任制与合议制适用范围的立法依据与建议——兼评当事人程序选择权之客体[J].法学家,2004(3):40-43.

[142]张晋红.审判长制度与合议制度之冲突及协调——兼论合议制度的立法完善[J].法学评论,2003(6):124-131.

[143]张闰婷.专业法官会议机制的脉络梳理和路径探索——基于"群体决策支持系统"理论的视角[J].山东审判,2016(3):44-49.

[144]张卫平.论我国法院体制的非行政化——法院体制改革的一种基本思路[J].法商研究(中南政法学院学报),2000(3):3-11.

[145]张卫平.审判资源程序配置的综合判断——以民事诉讼程序为中心的分析[J].清华法学,2022(1):195-208.

[146]张文显.论司法责任制[J].中州学刊,2017(1):31-37.

[147]张雪纯.合议制与独任制优势比较——基于决策理论的分析[J].法制与社会发展,2009(6):107-116.

[148]张雪纯.我国合议制裁判的缺陷及其完善——基于决策理论的分析[J].法学家,2009(3):32-42,156.

[149]章武生.民事司法现代化的探索[M].北京:中国人民公安大学出版社,2005.

[150]章武生.我国民事案件开庭审理程序与方式之检讨与重塑[J].中国法学,2015(2):66-80.

[151]章武生,吴泽勇.司法独立与法院组织机构的调整(上)[J].中国法学,2000(2):56-71.

[152]赵峰,柳建安.论合议庭评议案件制度的功能[J].江南大学学报(人文社会科学版),2004(3):24-28.

[153]赵旻.民事审判独任制研究[M].武汉:华中科技大学出版社,2014.

[154]赵瑞罡.司法改革背景下合议制度研究[M].北京:法律出版社,2018.

[155]郑博涵.院庭长审判监督管理权配置模式研究——以审批

事项设置标准为切入[J].中国应用法学,2019(4):54-72.

[156]郑成良,李文杰.人民陪审实践:法治中国语境下的考量与反思——基于上海三区法院陪审运行之研究[J].法学杂志,2016(11):77-88.

[157]中共中央关于全面深化改革若干重大问题的决定[J].天津政协,2013(11):1-14.

[166]周晓笛.还审判权于合议庭——废除案件审批制度的思考[J].法律适用,1999(9):35-38.

[167]宗边.建立违法审判责任追究体系[N].人民法院报,2010-11-16.

[168]左卫民,汤火箭,吴卫军.合议制度研究——兼论合议庭独立审判[M].北京:法律出版社,2001.

[169]左卫民,汤火箭.合议制度基本特征论析[J].云南大学学报(法学版),2002(2):23-30.

[171]左卫民,吴卫军."形合实独":中国合议制度的困境与出路[J].法制与社会发展,2002(2):64-68.

[173]Bartollas C,Jaeger L A. American Criminal Justice：An Introduction[M]. New York：MacMillan Publishing Company,1988.

[172]Seijts G H,Latham G P. The Effects of Goal Setting and Group Size on Performance in a Social Dilemma[J]. Canadian Journal of Behavioural Science，2000(2)：104-116.